绿色农业
发展机制研究

张春梅　　著

Research on
the Development Mechanism of
Green Agriculture

中国社会科学出版社

图书在版编目（CIP）数据

绿色农业发展机制研究 / 张春梅著. -- 北京 : 中
国社会科学出版社, 2024. 7. -- ISBN 978-7-5227-3981-
6

Ⅰ. F303.4

中国国家版本馆 CIP 数据核字第 20240Z3C91 号

出 版 人	赵剑英	
责任编辑	彭　丽	涂世斌
责任校对	刘　娟	
责任印制	王　超	

出　　版	中国社会科学出版社	
社　　址	北京鼓楼西大街甲 158 号	
邮　　编	100720	
网　　址	http://www.csspw.cn	
发 行 部	010 - 84083685	
门 市 部	010 - 84029450	
经　　销	新华书店及其他书店	

印　　刷	北京明恒达印务有限公司	
装　　订	廊坊市广阳区广增装订厂	
版　　次	2024 年 7 月第 1 版	
印　　次	2024 年 7 月第 1 次印刷	

开　　本	710×1000	1/16
印　　张	12.5	
字　　数	175 千字	
定　　价	68.00 元	

目　录

绪　　论

在国家大力倡导"绿色发展"、生态文明建设、农业现代化、农业供给侧结构性改革的大背景下，绿色农业面临着持续涌现的新机会和日益加剧的生态资源压力。在我国农业发展的复杂环境下，绿色农业作为农业现代化的主导模式，所提供的生态产品和生态服务，具有极大的外部性，并不断为社会带来可观的综合效益。所以，根据我国绿色农业发展现状，构建其发展机制，制定相应的扶持政策，将成为推动绿色农业健康发展的关键。

第一节　研究背景与意义

一　现实背景

（一）绿色农业的产生

我国一直以农为本，传统农业源远流长，在其发展过程中，留下了许多精耕细作的农业生产方法和宝贵的农业生产经验。但是直到中华人民共和国成立之初，农业生产上仍存在着严重的"量荒"，为此，国家在进行粮食生产转型的同时，大量使用化肥、农药、除草剂等化学药剂，以求增产增效。虽然产量增加了，但对生态环境的影响也是巨大的。

伴随着我国城乡居民生活水平的提高和消费水平的提升，消费者对食品质量的要求也日益严格。1989 年，农业部提出发展拳头产品——安全、优质、无污染的营养食品，并定名为"绿色食品"，作为提高农业企业经济效益的突破口。1990年，农业部开始了在全国范围内的绿色食品研发和管理工作。但不久后生产企业和农业学家发现，绿色食品发展过快（Xu Jiuliang、Zhang Zhihua、Zhang Xian et al.，2020），没有强有力的理论支撑，此时必须呼唤一种新的农业发展模式的产生。

中国研究者分析了国内外几十年来的农业发展模式，研究了每种模式的优缺点和与我国传统农业的适合性，最后提出了既符合中国农业发展规律，又满足社会需要的现代农业发展模式。"绿色农业"一词，是中国绿色食品协会于2003年在亚太经合组织举行的"亚太地区绿色食品和有机农产品营销渠道建设"国际会议上第一次被提出来的。2003年10月在联合国亚太经合组织召开的"亚太地区绿色食品与有机农业市场通道建设"国际研讨会上，中国绿色食品协会首次提出了"绿色农业"这一概念，绿色农业是现代农业的主导发展模式，它是在我国开发绿色食品十几年的基础上，为克服绿色食品发展的局限性而提出并产生的，这一理念的提出标志着我国绿色农业进入了新的发展阶段。

（二）绿色农业的发展契机

"绿色发展"是以效率、和谐、持续为目标的经济增长和社会发展方式，既与可持续发展战略相一致，又有利于推进"生态文明"建设（赵佳琪，2023）。绿色农业作为"绿色发展"理念的重要内容之一，在"十五"规划纲要中，最先被提出。在"十五"到"十二五"期间，国家提出要加强生态建设，大力发展保健食品。有关绿色农业的阐述，侧重于节约资源、加快生态建设、保护和治理环境、推进绿色食品发展、加快绿色食品基地建设、促进农村经济全面发展等方面。"十三五"规划提出，要加快建设资源节约、环境友好、促进人与自然和谐发展的新格局，推进"美丽中国"建设。与此同时，还对提高农产品安全保障能力，提高农业技术装备和信息化水平，深入推进绿色农业的高产高效，加快绿色农业增产等技术攻关，通过创新方式，推动绿色农业的特色发展。《"十四五"全国农业绿色发展规划》明确提出，要加快农业全面绿色转型（齐顾波，2022），促进农村生态环境持续改善，力争在 2025 年，实现全面发展，到 2035 年，农业绿色发展取得显著成效。而绿色农业作为一种崭新的科技与产业转型（Guido Fellet、Laura Pilotto、Luca Marchiol et al.，2021），是迈入绿色生态文明、"美丽中国"目标的重要象征。

生态文明建设需要从各个方面对农村的生活、生产环境进行全面的改善，要让农业生产环境变得更干净，要让农民的生活水平、生活质量得到明显的提升（Xinbo Yu，2019）。在全球变暖、能源价格不断攀升、社会动荡不安、财政不稳、环境日益恶化的今天，保障人类及子孙后代获得充足的食物及生态服务变得尤为重要。新时期，发展绿色农业，是实现生态文明的重要途径。绿色农业生产方式是对自然生态环境的尊重，按照环境的不同程度，选择不同的生产方式，并选择不同的种类，具有减少资源浪费、保护生态环境、生产安全农产品等优点，可以对生态环境进行维护和修复，还可以节约资源投资（Wang Zhan、Deng Xiangzheng、Gang Liu et al.，2019）。发展绿色农业，不仅可以生产丰富的粮食，而且还可以保护全球生物多样性，它是保护生态系统、社会经济系统以及实现可持续农业的重要手段（Hamid El Bilali，2019）。

"农业现代化"是中国未来农业发展的必然趋势，也是我国现代化建设的核心内容之一（孔祥智，2023）。在"十四五"规划中，更是提出了建设农业强国目标，要加快推进农业现代化的目标，由理念转向实质性行动（金书秦、牛坤玉、韩冬梅，2020），以"双碳"目标为引领，加快实现农业绿色高质量发展（李魁明、王晓燕、姚罗兰，2022）。绿色农业是农业现代化的主导模式（刘连馥，2013），是实现农业现代化的必然选择途径（刘连馥，2013）。绿色农业是指在高科技、高管理和高农民素质条件下发展起来的一种新的农业生产模式。绿色农业强调节约资源，提高劳动生产率和农产品的产出率，大幅减少化肥和农药的使用，提升土地的活性，减少污染物质排放（Kim Yongmin、Lee Byungjoon、Yoon Seongsoo，2021），为人们提供绿色安全的农产品。所以，绿色农业符合农业现代化更高的"农业产出率""资源利用率"和"劳动生产率"评价标准（Miroslav Nedeljkov-ic，2022），有利于实现农业现代化，加快农业强国建设，促进农业强、农村美、农民富（郭晓鸣、陆晓玲、卢瑛琪，2023）。

绿色食品的国内外需求正在逐年上升，人们具有较强的绿色消费意识，对食品安全更为重视，是未来绿色食品的主要消费群体。"绿色消费"已成为全球消费的主流，以需求为导向的农产品绿色发展将是一种长久之计（伦闰琪、罗其友等，2023）。然而，我国农业产品总体上呈现"多而不优""中低端产品过剩""高端产品供给不足"的特点，产品供给出现了严重的结构性失衡，有效供给与需求变化不相匹配（刘长全，2021）。所以，迫切需要打造绿色食品品牌（周莉，2019），对绿色食品进行升级，使其与国际标准相匹配，以绿色农业科技创新作为支持，以绿色农业信用管理作为保证，推动绿色农业的发展。绿色农业是全新的农业生产模式，以生产和加工绿色食品为中心。绿色农业的发展目标首先是确保农产品安全，即保证农产品的数量安全和质量安全，因此绿色农业发展是推进农业供给侧结构性改革的迫切需要（朱齐超、李亚娟、申建波等，2022）。

总之，在当前"绿色发展"的形势下，在不断推进生态文明建设，加快农业现代化，推动农业供给侧结构性改革的大潮中，绿色农业必然会迎来一个新的发展阶段。

二 理论背景

为应对气候变化、能源成本上升、社会不稳定、政治不稳定（Hong Li、Zakaria Issaka、Yue Jiang et al.，2019），农业的可持续发展，需要在不伤害到生物多样性和自然资源的情况下，才能满足未来需求（Julie Shortridge、Janey Smith Camp，2019）。相应地，"替代农业"模式受到学术界的广泛关注（Leonora Sopaj Hoxha、Anera Musliu，2021），在此基础上提出了一种既能满足当前及子孙后代所需，又能保证其生态环境安全的农业模式（Leonora Sopaj Hoxha、Anera Musliu，2021）。

绿色农业是以生态经济学原理和系统工程原理为依据，以各个子系统的内部循环和相互循环为手段，最终实现了绿色农业的生态系统、经济系统和技术系统的全面综合（Andras Szekacs、Bela Darvas，2022）。绿色农业在保障农产品、生态和资源安全方面，不仅生产丰富的食物，而且成为全球生物多样性保护的主要贡献者，成为再分配生态系统和社会经济服务的持续来源（金欣鹏、马林等，2020），具有极大的经济效益、生态效益和社会效益（刘连馥，2013），发展潜力巨大。同时，绿色农业在安全农产品的提供上、生态环境的保护上，产生外部效应（Dun-Chun He、Yan-Li Ma、Zhuan-Zhuan Li et al.，2021），因此绿色农业所提供的产品和服务具有公共产品特征。绿色农业具备幼稚产业的外部性、潜力巨大和资金投入大的三个特征。

根据幼稚产业理论和机制设计理论，构建合理的绿色农业发展机制，形成政府宏观管理及产业政策导向，对有机农业结构演进起到重要的推动作用。因此构建绿色农业发展机制，完善现有政策，促进绿色农业发展，是当务之急（钟迪茜、罗秋菊、李兆成，2023）。

针对绿色农业的发展机制，学者们对绿色农业科技创新（Ramakant M. Chaudhari、Mahesh L. Khachane、Rahul J. Dhande et al.，2019；Maria Kernecker、Andrea Knierim、Angelika Wurbs et al.，2020；Jie Sheng、Arshad Ahmad Khan、Shaofeng Zheng et al.，2021；Dun-Chun He、Yan-Li Ma、Zhuan-Zhuan Li et al.，2021；Krishna Nemali，2022）、绿色农业补偿（H. K. Panta，2019；Heike Pannwitt、Paula R. Westerman、Friederike de Mol et al.，2021；Bidya Kiran Sapkota、Ananta Prakash Subedi、Kalyani Mishra Tripathi、Shiva Chandra Dhakal et al.，2021）、绿色农业保险（Maria Caria、Giuseppe Todde、Antonio Pazzona，2019；Yuliia Aleskerova，2020；Brinda Nepali，2021；Shahjahan Ali、Bikash Chandra Ghosh、Ataul Gani Osmani et al.，2021）和绿色农业信用（Jiang Zhao、Ksenia Gerasimova、Yala Peng et al.，2020；Gezahagn Kudama、Hika Wana、Mabiratu Dangia，2021；Lee Choon-Soo、Yang Hun-Min，2021）等方面均有所研究，但均属于单一维度的研究，多数局限于重要性和必要性研究上，所研究的问题，也多属于政策建议的微观问题，针对机制构建的研究还很不深入，并且对于机制对绿色农业发展水平的效应分析并未呈现，缺乏深度和广度，实践指导意义不大。而针对绿色农业发展的多机制研究更为少见，绿色农业的发展需要社会诸多力量的推动，因此沿袭绿色农业的研究脉络，以绿色农业的属性特征、绿色农业发展现状为研究基础，构建绿色农业的多维度发展机制，并将现代计量方法引用到绿色农业机制研究中，为绿色农业机制构建提供有力的数理依据。这个方向的研究将成为国际学术界的热点。现代计量工具在农业管理领域的应用，为研究绿色农业发展机制提供了一个富有洞见的分析思路。

三　研究意义

绿色农业的迅速发展，既要求在微观层面上发展绿色农业科技水平，提高农产品生产率，提高品种的抗灾能力，降低资源消耗，扩大循环（白延涛、谭学良，2021），也要求在宏观层面上，对各种影响因素进行梳理。对其机制的研究，本质上就是要对其进行有效地协调，使其达到良性发展的目的。从国内外对绿色农业发展机制的研究来看，研究最多的是绿色农业的补偿机制，其次是动力机制和科技创新机制。然而，对于绿色农业的其他领域，研究学者仍停留在原有的农业发展机制上，只对个别政策进行了局部调整，较少地对绿色农业发展水平进行影响分析。尽管在许多方面，绿色农业不能脱离传统农业，但其影响因素已经发生了很大的改变，科技创新、补偿、保险和信用都对绿色农业的发展产生了很大的影响，但这些方面的政策机制还有待于进一步的完善，因此，通过制定合理的机制政策，并进行必要的效应分析，来推动绿色农业的发展，无论从理论上还是从实践上来说，都是非常有意义的。

理论意义在于通过对我国绿色农业发展机制的深入研究，进一步完善我国绿色农业的理论体系。在农业发展的历史长河中，绿色农业是一个新事物，同时，我国的绿色农业发展也呈现出较强的中国特色，对国外的很多绿色农业发展模式只能部分借鉴，不能直接照搬。尽管学者们在不断地探讨新的理论与方法，并在实践中加以运用，但是，目前关于绿色农业的研究较多针对单一问题，整体研究比较少见。因此，以现有研究为基础，通过对我国绿色农业发展现状的全面剖析，构建我国绿色农业发展的四种主要机制，分析它们之间的联系，并对四种机制展开理论分析；利用现有机制对绿色农业发展水平和农业绿色生产效率的实证分析，可以为绿色农业的发展提供一个可供参考的分析框架，同时也将拓宽我国绿色农业的研究视角，丰富我国绿色农业机制设计理论。

实践意义在于结合中国国情，促进绿色农业更好地发展。虽然中国是农业大国，但是中国自然资源相对贫乏，可耕作的土地面积少，用7%的土地供养全球20%多的人口，农业压力巨大。绿色农业以高产量、高效率为主要特征，在很大程度上，将提高我国资源使用效率，改善生态环境，提高农产品数量和质量，推进农业供给侧结构性改革，实现生态文明，促进绿色发展，建设美丽中国。然而我国绿色农业面临着生态环境恶化、成本过高、生产效率低等发展压力，如何解决我国绿色农业发展的制约因素，都将是未来一段时间内绿色农业发展的主要问题。因此本书针对绿色农业的特征和发展问题，构建绿色农业发展机制体系，将为政府决策提供参考，促进我国绿色农业的长足、健康、可持续发展，促进实现农业现代化，建设农业强国。

第二节 研究目标与内容

基于上述研究背景，本书设定以下研究目标：深入分析绿色农业理论，重新阐释绿色农业的内涵和属性，剖析与其他农业模式的关系；综合考虑绿色农业属性特点，研究绿色农业发展问题，构建绿色农业发展机制的整体体系框架。在此基础上，分别对绿色农业科技创新机制、补偿机制、保险机制和信用机制构建的理论依据进行阐述和分析，并以此构建具体的机制体系。

基于上述研究目标，本书着重从以下内容开展研究。

1. 绿色农业的理论研究。通过对绿色农业的概念、内涵、属性及其与其他农业模式内涵关系的综合分析，进一步阐释绿色农业是可持续发展的现代农业模式。

2. 分析我国绿色农业发展现状，构建机制框架。结合绿色农业属性特征，以扶持绿色农业发展为导向，拟定机制构建原则，构建涵盖绿色农业科技创新机制、补偿机制、保险机制和信用机制的绿色农业发展机制框架。

3. 具体分析绿色农业各发展机制，并进行效应分析。首先，分析各机制，研究其内部机理。其次，进行绿色农业各发展机制效应实证，利用时间序列进行长期效应分析和农业绿色生产效率效应分析。最后，综合实证分析结果，提出相应的政策建议。

第三节 研究方法与技术路线

为确保研究结论的可靠性，构建机制的合理性，本书采用科学的研究方法，将定性分析与定量分析相结合，理论研究与生产实践相结合，进行绿色农业的属性特征研究，分别构建绿色农业各机制，采用时间序列和生产效率分析方法，进行机制效应分析。

一 研究方法

在研究绿色农业发展机制时，综合运用多种研究方法。研究方法主要可归纳为以下方面。

1. 规范研究与实证研究相结合的方法。规范研究是根据一定的价值判断，对问题的分析与处理提出相应的标准，以此作为构建经济理论和制定经济政策的前提与依据。实证分析一般只是对研究对象进行客观描述，并不进行价值判断。本书采用规范研究与实证研究相结合的方法。其中，规范研究方法的运用主要体现在，本书构建绿色农业发展机制体系，并分别对绿色农业科技创新机制、保险机制、补偿机制和信用机制的功能、内涵和构成进行深入研究，为促进绿色农业发展提供政策参考。实证研究方法的运用主要体现在，大量使用统计数据，利用现有农业政策的经济指标数据和绿色农业发展水平指标数据，进行时间序列分析，估计长期作用结果；利用 SBM-Undesirable 模型测算农业技术效率，并利用现有农业政策对农业绿色生产效率进行效应分析。

2. 定量分析与定性分析结合法。本书研究过程中，综合运用了定量分析与定性分析的方法。在分析现有机制的作用效应时，利用时间序列数据，综合分析了机制的长期作用效果和对农业绿色生产效率效应。利用混合博弈模型，对政府信用监管进行理论分析。在这些方面，主要采用定量分析方法。在绿色农业机制理论分析、机制构建、机制间的作用机理等方面采用定性分析方法。

3. 比较研究方法。本书将较多地采用比较研究方法，在分析现行农业政策对于绿色农业发展的影响时，运用时间序列分析方法，对政策效应在各年度之间的纵向效应进行了比较，同时利用农业绿色生产效率，比较分析不同年份政策对农业绿色生产效率的影响。

二 技术路线

本书技术路线图如图绪 –1 所示。

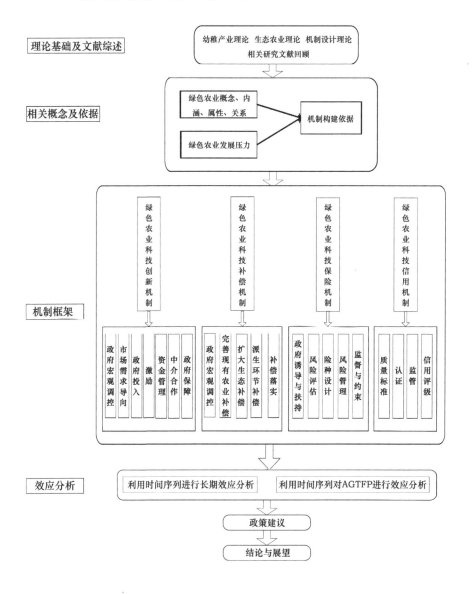

图绪 –1 技术路线

第四节 创新点与不足之处

一 创新点

本书立足于农业现代化的主导模式——绿色农业的研究，从发展机制的视角来研究绿色农业发展问题，解决绿色农业发展的困境和难题。本书对绿色农业发展机制的构建，弥补了绿色农业发展机制理论研究的不足，具有较强的创新性。

1. 本书提出了促进绿色农业发展的四大机制框架，扩充了机制研究。国内外相关文献资料显示，有关绿色农业机制的研究多数集中于生态补偿机制、认证机制和科技机制上。由于绿色农业的发展涉及诸多因素，仅从某一方面入手构建机制，对于解决绿色农业发展的局部问题是有效的，但是对于解决绿色农业整体发展问题还有局限。本书在进行绿色农业发展机制研究时，以幼稚产业、生态农业和机制设计理论为基础，以促进绿色农业发展为目标来进行，构建绿色农业发展机制框架，分析出促进绿色农业发展的四大机制。本书提出的绿色农业发展机制，设计较全面，实施有效。试图解决先前研究单一机制的局限，对现有机制进行大量的补充和突破，在机制研究上拓宽了研究范围，增加了研究深度，为后续绿色农业的研究提供坚实的理论基础。

2. 本书分析机制对绿色农业发展水平及农业绿色生产效率的效应影响，拓展了计量经济学方法，进一步论证绿色发展机制的科学性和合理性。本书利用前沿的时间序列和生产效率测算方法，分别对绿色农业机制逐一进行效应分析，并将长期效应与农业绿色生产效率的效应相结合，验证了建立相应机制的积极作用和存在的问题。不仅丰富了研究方法和机制研究理论，使研究更科学、更合理，这在现有国际文献中较为少见，研究颇具创新性。

3. 本书提出了对绿色农业保费进行全额补贴的政府诱导与扶持新模式。在构建绿色农业保险机制体系中，利用博弈分析，在政府不同补贴方式诱导下，绿色农业生产者依据收益最大化进行论证，提出对绿色农业保费进行全额补贴的政府诱导与扶持新模式，力求实现绿色农业保险的全覆盖，有效化解绿色农业风险，为促进绿色农业发展提出新的思路。

二　不足之处

本书的不足之处主要体现在三个方面：

1. 由于绿色农业生产影响因素复杂，难以量化，且我国绿色农业有关统计数据有限并存在滞后和缺失问题，因此，本书实证结果可能存在一定偏差。随着我国绿色农业实践的不断发展及相关统计数据的不断积累和完善，后续相关研究结果可能更具代表性和准确性。

2. 由于绿色农业有关数据采集受限，部分数据（如绿色农业生产补贴、绿色农业科技投入等数据）通过测算方式获得，其测算结果可能与实际数值存在一定偏差。同时统计数据并未对绿色农业与非绿色农业进行区分，给计算带来很大的偶然性，为探究结果带来很大的遗憾，随着测算方法的进一步发展和绿色农业统计数据的不断完善，后续有关研究将得以进一步改善。

3. 本书从发展机制视角来研究绿色农业发展问题，并构建促进现阶段绿色农业发展的 4 种主要机制及揭示有关经济效应。由于绿色农业发展是个动态过程，且其影响因素复杂，随着绿色农业的不断发展，未来有关研究还需考虑其他因素和机制。

第一章 概念界定、理论基础与文献综述

本书旨在通过构建绿色农业发展机制来解决绿色农业的发展问题。绿色农业发展机制的研究，跨越了多个学科，涉及不同学科领域，并且，正如许多研究是站在众多巨人的肩膀上那样，本书也需要根植于不同领域的有关理论与文献基础之上。本章首先对绿色农业概念进行阐释与界定，进行多维度的把握，确保研究对象的清晰度与针对性。研究从绿色农业的概念界定、内涵理解、属性剖析，以及与其他农业模式关系等角度开始。其次梳理幼稚产业、生态农业、机制设计等理论，借此为本书提供坚实的理论基础。最后对绿色农业和绿色农业机制的相关研究进行回顾，借此为本书提供翔实的文献支撑，总结研究成果，并以此为基础，展开本书的相关研究。

第一节 绿色农业

一 概念

绿色农业的概念最早出现在中国，对绿色农业概念的界定也主要集中在国内学者。但是绿色农业的概念种类较多，文献引用也不尽相同，较难找到一个统一全面的概念。文献中出现最早的概念是原绿色食品协会会长刘连馥提出的绿色农业概念。其将概念描述为：绿色农业是指充分运用先进科学技术、先进工业装备和先进管理理念，以促进农产品安全、生态安全、资源安全和提高农业综合

经济效益的协调统一为目标，以倡导农产品标准化为手段，推动人类社会和经济全面、协调、可持续发展的农业发展模式（刘连馥，2013）。

自此，绿色农业开始被关注，同时绿色农业的概念也被不断演绎。我们很容易找到的几种概念，下面将对这些概念进行梳理和理解。

第一种概念，绿色农业是一种以生产、加工、销售绿色食品为重心的新型农业生产经营模式（张秉福，2006）。第二种概念，绿色农业是可持续农业的一种发展形式，是绿色食品或无公害食品的产业基础（刘华楠、刘焰，2002）。第三种概念，绿色农业，是指人们能充分节约地利用自然资源，并且生产和使用时对环境无害的技术，进行农业生产并加工销售绿色食品为轴心的农业生产经营方式（陈来生、霍学喜，2006）。

这三种概念均倾向于从生产实践的角度来剖析绿色农业的概念。概念中均指出绿色农业是一种先进的农业生产模式，但是研究倾向于将绿色农业看成绿色食品的外延，更多关注于绿色农业的产品层面。第二种概念中认为绿色农业是绿色农业或无公害食品的产业基础。但是随着农产品划分的进一步细化，无公害食品和绿色食品是按照不同认证等级、不同的生产要求生产出来的产品，在一定程度上满足市场和人们对于食品安全的不同需要，按照我国绿色农业生产规程的要求，农业生产的最终产品必须是绿色食品，而无公害农产品仅仅是常规农业向绿色农业转型的过渡产品（黄晓慧、聂凤英，2023）。因此概念与当代产品划分标准不符。这三种概念都偏于微观层面的解释，对绿色农业的内涵和特征阐述较少。

第四种概念是在经过了长期研究后提出的，湖北省绿色食品协会认为，绿色农业是以生态农业为基石，以生态经济学原理为依据，以农业标准化为手段，基于绿色食品的特点，充分运用现代化科技和先进的管理理念，以实现自然资源安全、农产品安全和农业综合经济效益统一发展的推动经济、生态和社会的可持续发展的农业发展模式

（黄昕、楚德江，2022）。第五种概念是严立冬提出的，绿色农业是运用生态经济学原理，以绿色技术进步为基础，充分应用绿色高科技手段，集节约能源、保护与改善农业生态环境、发展农业经济于一体，倡导绿色消费生活方式的可持续农业发展的模式（严立冬、崔元锋，2009）。

第四种概念和绿色协会提出的概念提出在很大篇幅上一致，不同点是第四种概念增加了绿色农业的理论基础、最终产品以及绿色农业和生态农业之间的关系，强调了绿色农业生态学的理论基础。两个概念对绿色农业发展的要求，即先进的科学技术、先进的管理理念和标准化生产手段，以及最终实现的经济、社会和生态效益的目标均有阐述。纵观绿色协会的概念和第五种概念，第五种概念侧重于强调加强农业的生态环境建设与发展绿色食品。这两种概念，均是从宏观层面对绿色农业进行解读，概括性过强，具体指导较少，对于绿色农业的如何开展、实现路径和实现过程均未涉及。

在相关的国外研究中，Parviz Koohafkan、Miguel A. Altieri 和 Eric Holt Gimenez（2012）指出绿色农业是满足可持续发展的生物多样性、生态恢复力和生产性农业系统等多重属性，并需要在合理阈值范围内发展的新型农业模式。

结合国内外学者对绿色农业概念的分析，同时针对生态环境和社会环境对绿色农业发展的要求，本书界定绿色农业概念，以帮助对后续绿色农业的研究：绿色农业是一个不断完善和发展的现代农业生产模式，以促进农产品安全、生态安全、资源安全和农业综合实力的提高为目标，生产过程以生态农业为基础，其覆盖绿色食品及绿色农用产品的所有生产链和销售链，以现代农业科技、先进的管理理念、生态环境的改善和标准化的生产为手段，符合农业可持续发展的基本特征，其最终的全面实现需要通过全社会安全意识的提高、各系统的扶持和相互协作的持续改变与努力。

这一概念结合了刘连馥（2013），严立冬、崔元锋（2009），Parviz Koohafkan、Miguel A. Altieri 和 Eric Holt Gimenez（2012）的绿色农

业概念的侧重点，不仅强调绿色农业的综合效益，而且也侧重绿色农业的属性和实现路径。但是从概念角度来解读绿色农业仅是一个开端，为了深刻理解绿色农业，还需对绿色农业的内涵、属性、与其他主要农业模式的关系等方面进行剖析，以求对绿色农业有清晰全面的理解与把握。

二　内涵

对绿色农业内涵的理解需要从绿色农业的范围、绿色农业实现的条件、绿色农业与其他替代农业之间的关联、绿色农业的目标、绿色农业的最终效果几个方面来阐述。

1. 绿色农业范围非常广泛，是综合性的大农业，涵盖了农业、林业、牧业、渔业及加工业的农业生态系统（严立冬、刘新勇、孟慧君等，2008：189）。

绿色农业尊重系统与周围环境中存在的植物和动物多样性水平，使用当地和改良作物品种与牲畜品种，遵循和提高农业、林业、牧业、渔业及加工业的交互循环和协同作用。同时保障绿色农业产品质量安全，因此在保障产业安全之外，还需要包括销售、运输、服务等外延方面的安全，因此绿色农业将打破原有农业模式的限制，将内涵和外延扩大拓宽，涵盖与绿色农产品和绿色农副产品相关的各个方面及关注社会多方面的影响因素，注重环节内部的系统关联（张林秀、白云丽、孙明星，2021），促进系统全面发展。因此绿色农业是实现综合养殖、功能多样、促进生物多样性的综合性农业生态系统。

2. 绿色农业的实现应以生态环境为基础，以先进的技术、科技、文明以及管理理念为支撑（刘连馥，2013），同时需要极大的财政支持和法律保护。

良好的生态环境与绿色农业发展有着极强的互动性。一方面，绿色农业的生产依赖良好的生态环境，与生态环境息息相关，生态环境的优劣，直接影响绿色农业的生产效果（Pimentel D.、Hepperly P.、Hanson J. et al.，2005）。另一方面，大多数农业科学家认为需要设计一个尊重当地区域自然资源限制的农业，包括提供生态服务的能力。绿色农业模式的采用，在一定程度上能提高生物的多样性，调节生态系统（Helen、Alexandros Gasparatos，2020），起到对生态环境的保护、修复与建设作用，从而促进生态的发展。

绿色农业生态系统应该履行多种功能，需要考虑关键因素的复杂性以及彼此交互的影响（Giulia Giacche、Jean-Noel Consales、Baptiste J-P. Grard，2021），因此在原有生产模式的技术和制度均受到限制时，绿色农业模式的采用，将打破原有限制，采用不同的生产品种，学习新的操作规程，设计及采用先进高效的科技、技术和管理方法（Alice Tork-wase Orkaa、Adeolu Ayanwale，2020）。农业本身具有弱质性，作为对生态环境的保护，绿色农业又具有极强的外部性，提供的部分产品也属于公共产品，同时绿色农业还将产生认证费用、保险费用及营销费用等比常规农业更高的成本输出。很多学者认为，缺乏经济激励和政策保护可能将转变为绿色农业发展的重要障碍（Minka Anastasova–Chopeva，2019）。因此绿色农业需要政府提供支持和保护。只有当技术、科技、文明、管理手段和理念达到一定的高度，通过社会各个方面的通力合作，才能保证绿色农业的发展，使绿色农业成果转化为真正的社会需求。

3. 绿色农业不是传统农业的简单回归，也不是对有机农业、生态农业、可持续农业、自然农业、精准农业等各种替代农业的否定，而是吸取各类农业发展过程中的经验形成的一种新型农业（刘连馥，2013）。

我国农业历史悠久，积累了很多精耕细作的丰富农业经验，绿色农业在吸收了宝贵的传统经验和优良运作方式的基础上不断加大先进的科技、人才、管理和信息的投入，有效地改变了原有常规农业低产出、高风险的现象，是一种高产出、高效率、高质量的新型农业发展模式（Shijie Xing、Xin Zhang、Mengzhou Zhang、Mei Li，2020）。同时也突破了其他各类替代农业存在的片面性和局限性（罗必良，2020）。现在各国采用较多的现代农业模式有绿色农业、有机农业、生态农业等。这些模式的相同之处在于都以依赖、保护和修复生态环境为基础，模式基础均为生态农业，但侧重点不同。

绿色农业不同之处在于，绿色农业不仅仅追求农业的系统性，强调农业系统与生态系统、社会系统的协调统一，同时有严格的生产标准，追求先进的生产经营方式，较少的污染和废弃物的产生，遵循物质间的生长规律，同时提出更为严格的管理要求和效果要求（Roman Rolbiecki、Stanisław Rolbiecki、Anna Figas et al.，2021），弥补了其他替代农业的不足，是现代农业的主导模式，是可持续发展的高效农业模式。

4. 绿色农业的发展目标是确保农产品安全、生态安全和资源安全（严立冬、刘新勇、孟慧君等，2008：18）。

由于人口的不断增长，农产品需求剧增，农产品安全引起了世界各国的高度重视。大多数粮食和农业专家认为，到2050年粮食生产必须大幅增加（Tak Tha、Ply Preap、Seyha Sorl、Pao Srean、Visalsok Touch，2021）。预计粮食产量增长的大部分将来源于农业的集约化，甚至是土地和水资源稀缺的地区。粮食价格的波动长期存在，对世界贫困人口造成严重影响，最引人注目的是2007—2008年粮食价格高峰期（Eric M. Ojala，2021）。然而农产品安全已经不仅仅停留在保障不挨饿的数量上，人们更多地将关注力放到了农产品的质量上，追求更好的农产品质量安全。为保障农产品数量安全，必须加大科技投入，解决资源投入的缺乏，同时提高产出率，增加农产品的数量。为保障农产品的质量安全，需要制定标准的、安全的生产流程，并且严格遵守、严格监督，满足人们对农产品的质量要求。

生态安全的要求是各国推行农业模式改革的动力，各国都在寻求保护生态安全的农业模式。我国推行的绿色农业是保护生态安全的重要模式。绿色农业的生产基础是生态环境的良好发展（张英男、龙花楼，2022），而绿色农业生产模式的推广，可以维护和控制水土流失（S. S. Keya、M. G. Miah、M. A. Rahman、M. T. Islam，2020），改变和修复生态环境，促进生物界的自然平衡和良性循环。绿色农业是通过不断改善生态平衡，逐步建立植物、动物和微生物之间的自然平衡

（Gennadii Golub、Oleh Skydana、Valentina Kukharets et al.，2020），最终达到生态文明的目标。

在生产活动严重影响生态环境和自然资源时，提高资源利用率将成为挑战，能够应对这种挑战的农业系统将具有高水平的多样性、生产力和效率，如较低的外部投入、高回收率、种养结合以及农业集约化（Jeremy Haggar、Valerie Nelson、Richard Lamboll、Jonne Rodenburg，2021）。我国现阶段资源相对缺乏，同时可用资源越来越有限，并且在迅速变化的气候、社会动乱以及经济不确定性的情况下（Soniyo Yomichan，2020），资源的使用问题将更为严峻。如何在资源短缺的情况下，仍保证社会持续发展，这就呼吁能够满足可持续发展的绿色农业在资源投放、资源使用情况和资源的投入产出等方面必须满足多方面需求。绿色农业的生产基础是高质量的土地和水，在生产中，要确保土地资源、水资源的质量，同时能有效利用资源（养分、水、能源等），减少农业对外部投入的依赖（George Gatere Ruheni、Lydiah N. Wambugu，2022），确保资源的可持续利用，保证资源的安全。

5. 绿色农业的效果是农业综合效益的实现，绿色农业的综合效益是经济效益、生态效益和社会效益的统一（朱俊峰、段静琪，2022）。

绿色农业正是综合效益全面实现的农业模式。经济效益主要体现在产品竞争力增强（朱齐超、李亚娟、申建波等，2022），市场需求旺盛，产品利润的最大化，农业生产者收入增加和生产区域产值的增长等（李翠霞、许佳彬，2022）。未来农业生态系统管理的一个关键挑战在于提高资源利用的效率，以确保增加生物多样性和稀有自然资源的生产与保护，同时在农业生态系统中建立恢复能力以面对日益增加的气候相关危害，生物胁迫和经济冲击（Ismail Yusuf Rabbi、Siraj Ismail Kayondo、Guillaume Bauchet et al.，2022）。生态效益主要体现在改善农业生态环境、促进区域生态安全、资源优化与永续利用、人居生活环境美化等目标，实现农业与生态系统的平衡有序发展，以实现生产和生态效益的统一（张文妍、段玲玲，2022）。社会效益主要体现在确保农产品质量和数量安全、提高农产品品牌竞争优势（张丽琼，2021）、提高国际市场竞争能力、推动农村的建设、加快解决"三农"问题、促进加快实现农村现代化、建设社会主义新农村、促进绿色发展、推进美丽中国建设（冯丹萌、许天成，2021）。

三 属性

绿色农业作为高效、环保的农业发展模式，不仅具备了常规农业的基础性、区域性等属性特征，同时又具备着更大的弱质性、系统性、可持续性和外部性的属性特征。

1. 弱质性

农业的弱质性是相对于工业而言，作为基础性产业，农业具有弱质性的特征（郑有贵，2020）。同时由于绿色农业在常规农业的基础上，有着严格的生产要求，肩负着产品安全、生态安全的重任，因此较常规农业需要更高的技术和管理投入，成本将更为高额（Laurence E. D. Smith，2020）。由于对绿色农业和常规农业的鉴别较难，信息不对称存在的时间较长，绿色农业的高价格在短时间内很难被消费者所接受。因此成本转化收益的困难，将导致绿色农业的弱质性更强。

绿色农业在建设"美丽中国"、建设生态文明等方面的作用，以及消费者对健康食品的需求，供给结构调整的急迫，都分别催生和引导绿色农业的快速发展，而政府则是其发展壮大的主要推手（罗玉辉、廖敏伶，2020）。绿色农业的发展在生产投入和产品市场化过程中，仍有赖于政府的政策引导和大量低成本资金的"催化"（颜华、齐悦、张梅，2023）。

2. 系统性

绿色农业比常规农业更关注农业系统和生态系统、社会系统的统一。因此研究绿色农业，必须着重研究其系统性的属性特征。绿色农业的系统研究，不仅需要农、林、牧、渔等产业及加工系统内的大农业研究，同时需要研究绿色农业赖以发展的生态系统和社会系统，以及行为主体——人类。绿色农业的系统性强调，以动物、植物、微生物之间的相互依存关系为纽带，采用现代的先进科学技术，充分利用自然资源，充分发挥其固有力量（钟钰、甘林针、崔奇峰，2021），保护自然资源，减缓环境污染，避免再生能力的削弱，构成农业、林业、牧业、渔业、加工业有机良性循环（彭升、王云华，2019），在促进农业发展过程中强调聚集作用和互补作用。同时绿色农业实现从农田到餐桌的全过程安全的使命，绿色农业与生态环境的互动性（Giuseppe Timpanaro、Ferdinando Branca、Mariarita Cammarata et al.，2021），决定了需要社会大系统的支持与参与，同时需要行为主体消费理念的更新与生产理念的变革。

3. 可持续性

农业的可持续系统是确保生物多样性和稀有自然资源的生产与保护，提高资源利用率，具备一定的抵御自然灾害、生物威胁和经济冲击的能力（刘晓雨、卞荣军、陆海飞，2018）。绿色农业是最能满足可持续性特点的农业系统模式，其可持续性表现在实现手段的持续性和效果的持续性两个方面。在绿色农业这个大系统中，为保持农业系统与生态系统、社会系统这个复合系统的持续发展，自然协调，需要持续性的技术投入和管理投入（黄伟华、祁春节、聂飞，2023）。生态系统是不断变化的，而赖以生存的绿色农业需要利用先进的科学技术和管理来促进农业系统与自然的协调统一，促进绿色农业的快速发展。绿色农业所带来的效果和影响是隐性的、长期的。绿色农业提倡高效、高产、安全，其高效在于合理节约利用资源，保障资源的长期性和持续性。同时绿色农业更好地实现了农业的综合效益，其带来的生态效益是持续的、经济效益是长期的、社会效益是长远的（刘旭、梅旭荣、杨世琦等，2020），是一种持续为人类健康提供长效机制的具有明显可持续性特征的农业模式。

4. 外部性

外部性是福利经济学中一个重要的概念。外部性是指经济主体的经济活动对他人或社会造成的非市场化的影响。外部性分为正外部性和负外部性（于立宏、王艳、陈家宜，2019）。绿色农业与其他农业模式相比具有显著的正外部性（楚德江，2021）。绿色农业以保护自然资源、维护生态环境、供给安全的绿色食品为最终发展目的。绿色农业在生产阶段中，存在极大的生产改造投入、科技投入和管理投入，投入成本高，提供的不仅仅是安全的食品，还有良好的生态环境（许玲燕、张端端、杜建国，2023）、绿色消费理念和资源的节约等。成本的投入者是农业生产者，而享用者却无须花费成本。而从投入产出的获利来看，农业生产者所获得的私人利益并不可观，而社会利益巨大，不仅有利于当代，而且影响后世。其正外部性尤为突出。研究其外部属性，可以有助于对绿色农业进行合理补偿，使其外部性逐渐内部化。

四 与有机农业、生态农业、可持续发展农业的关系

有机农业、生态农业和绿色农业作为当今农业可持续发展的几种基本生产模式，也是各国"替代农业"采取的主要模式，其在内涵上存在着极大的相似度和各自不同的侧重点。

1. 与有机农业（Organic Agriculture）关系

有机农业一词最早出现在 Lord Northbound 的著作 *Look to the Land* 中。同年英国植物病理学家 S. A. Howard（1940：369）在《农业圣典》中，倡导开展有机农业，并提出"有机食品"的概念。称有机农业是一种耕作方法，是指不使用化肥和农药，而代之以有机肥料和病虫害生物防治手段的作物栽培系统。

作为可持续发展的主要农业模式，Reganold J. P.、Glover J. D.、Andrews P. K.、Hinman H. R.（2001）在华盛顿州，使用土壤质量、园艺性能、果园盈利能力、环境质量和能源效率五个可持续性量化指标，对有机农业、常规农业和苹果综合生产系统进行可持续性的比较，他们得出结论：有机农业系统在环境和经济可持续性的排名中第

一，其次是综合体系和传统系统。Edith T. Lammerts van Bueren（2003）对有机农业的内涵和实践进行分析，指出有机农业与常规农业的根本区别是强调自然，避免无机肥料和人工合成化学农药的使用，并采用生态原则，尊重生物的完整性作为一个整体的思想观念。并在阐释有机农业追求自然的目的后，强调通过低投入进行生态管理，从而提高生物多样性和生态系统自我调节能力。但是有些学者认为，虽然有机农业可以保护生物多样性和自然资源，并且倾向碳中性，但它可能不足以产生足够的食物供应（张益丰、颜冠群，2021）。

从以往的研究和区分有机农业的主要观点上，我们可以看出，有机农业生产过程中的控制是利用自然过程，旨在整合自然和农业文化。然而自然并不自动保证一个健康的环境，人类对农产品需求的急剧增长和农业的综合经济效益不容忽视。在对食物需求严峻的情况下，有机农业生产力量微薄，单个作物的有机产量平均为常规产量的80%（孙铭、杨宏博、刘发波等，2023），在短期内无法在保证食品安全的基础上满足庞大的数量需求（严立冬、崔元锋，2009）。有机农业在世界范围内集约化程度还很低，规模依然较小，所占农业用地也是极小部分（孟凡乔、张珂等，2021）。

在促进农业可持续这一层面看，有机农业和绿色农业起着相同的促进作用，以发展的眼光来看，有机农业包含于绿色农业范畴中，而且是绿色农业的高级阶段（见表1-1）。有机农业是生产中最严格的生产模式，更多关注于生产方式，有严格的生产标准，以生产优质的有机食品为主要目标，遵循自然规律和生态规律。生产中尽量使用原始和自然的耕作方式（Andrea Bonfiglio、Carla Abitabile、Roberto Henke，2022），也被称为"最原始的农业方式"。

2. 与生态农业（Ecological Agriculture）关系

生态农业是相对于"石油农业"提出的概念，以生态环境为主要评价指标，强调生产体系，是生态系统和农业系统的统一，以取得生态效益和经济效益为目的，也是涵盖农业、林业、牧业、渔业及加工业的大农业。

生态农业最初由美国土壤学家 William A. Alborecht 于 1971 年倡议发起。他认为施用有机肥，有利于建立良好的土壤条件，有利于作物健康；少量施用化肥，对作物营养有利，但不能使用化学农药，因为在达到杀虫浓度时，它已对环境造成污染。M. Kiley-Worthing（1981）将生态农业明确定义为："生态上能自我维持、低输入，经济上有生命力，在环境、伦理和审美方面可以接受的小型农业。"主张"尽量"施用有机质肥料，在"自然"状态下种植、养殖；主张"尽量"利用各种可再生能源的外部"低输入"，但并不拒绝使用农业机械。生态农业的这一个定义中涵盖了生态农业的核心是将生态农业建立在生态系统中，其涵盖于生态学范畴内。

随着对生态农业认识的逐步加深，学者们对生态农业有了更深层次的理解。Ada Cavazzani（2009）认为，生态农业为促进生物多样性，应充分利用自然界生物的综合作用，重视农业生产者的技能和知识，加强合作。

国内外学者普遍认为生态农业的宗旨是强调以保护生态为基础，促进生态平衡，依靠农业的自我维持，尽量减少化学物质投入所导致的自然环境恶化，组成物质的良性循环系统，以获取经济效益和生态效益。生态农业主要在德、日等国家和地区应用。生态农业大多只能是小规模、小系统，其目标是维持和保证资源环境的持续性，对于经济活动的目的——满足人类对农产品的需要则不强调。不能通过应用现代科技的新成果，保证农产品的大量产出，因而不适合规模化、标准化、商品化的农业发展新形势。生态农业本身也是一个发展的概念，但是其仅仅属于一个原则性的模式，而缺乏严格的生产标准。随着农业的发展，生态农业的含义也在不断扩展，生态农业也包含在发展了的绿色农业范畴中（见表 1 - 1），但属于绿色农业的初级形式。

表 1 - 1　　　　　　　　绿色农业与有机农业、生态农业关系

名称	提出者	产品	代表国家	提出条件	理论基础	特点	与绿色农业的关系
绿色农业	刘连馥（2003）	绿色食品、有机食品	中国	针对"石油农业"、绿色食品	生态农业理论	成本高、产量高、规模大、集约化程度高，生产规程严格；重点在生态安全、生物多样性、高效率；禁止使用限定量的化学合成物；制约条件是外部性和高风险	
有机农业	Lord North-Bound（2003：3 - 5）	有机食品	美国、澳大利亚	针对"石油农业"、食品安全	生态农业理论	成本高、产量低、规模小、集约化程度低、生产规程最严格；重点在减轻环境污染、恢复生态平衡；生产方式上不使用化肥和农药、使用有机肥料和生物防治；制约条件是产量	属于绿色农业范畴，是绿色农业精细生产形式
生态农业	William A. Alb-recht（1971）	无界定	日本、德国	针对"石油农业"	生态农业理论	成本高、产量低、规模小、集约化程度低、生产标准低；强调保护生态为基础、促进生态平衡、追求农业的生态本质；制约条件是缺乏生产标准	属于绿色农业范畴，是绿色农业的初级形式，其内涵的延伸，将不断与绿色农业融合

综上所述，绿色农业与有机农业、生态农业的提出时间不同，提出的条件也有差别，但均以生态农业理论为基础。通过对各自特点比

较，可以看出，有机农业、生态农业和绿色农业范畴有交叉的部分，通过国内外生产实践，可以进一步界定，生态农业是绿色农业的初级形式，有机农业是绿色农业的精细形式。

3. 与可持续发展农业（Sustainable Agriculture）的关系

可持续发展农业是以保护和恢复自然环境为主导思想，采用科技变革和制度变革，以获得满足当代，同时不损害后代利益的农业生产方式，它必须生产足够数量的高品质食品，保护资源环境，而不依赖过多的资源投入，同时实现更大的经济效益、生态效益和社会效益（Azo'o Ela Michelson、Ngapete Litassou Monique、Djenatou Pelagie et al.，2021）。

可持续发展农业的广泛目标包括经济盈利能力、环境管理和社区活力。衡量农业可持续发展的指标包括土壤质量、农艺性能、盈利能力、环境质量与能源效率。农业可持续发展指标用于衡量环境、社会和经济进步（Xinhao Suo、Shixiong Cao，2021）。农业可持续发展迫切要求满足生物多样性、适应性，提高生产力和资源效率的农业新模式。

如何实现农业的可持续发展？提供足够的粮食和生态系统服务、降低能源成本、减少社会动荡、促进金融稳定和阻止环境恶化，新的农业系统需要面对这样一系列严峻发展问题。而唯一能够应对未来挑战的农业系统将具有较低的外部输入、高回收率、种养结合、集约化的高水平的多样性，高生产力和效率（Telleria Juarez Roberto Ariel、Marco Antonio Romay Hochkofler，2022）。与有机农业、生态农业相比较，绿色农业具备比其他"替代农业"更低的外部输入、高回收率、较好的种养结合、高程度集约化等特点（Akbar Hossain、Ayman EL Sabagh、Celaleddin Barutcular et al.，2020）。

而可持续性不是通过测量来定义的，而是通过横向比较两个或多个系统和随着时间的演变而进行纵向衡量（Michael Boehlje、Michael Langemeier，2022）。因此绿色农业不论在横向上与有机农业、生态农业比较，还是在发展的十几年轨迹中的纵向衡量，均符合可持续发展农业的基本假设：满足当代，同时不损害后代；生产方式与可持续发展农业一致，以保护和恢复生态环境为主导思想，应用农业科技、遵循自然生态与农业生产的协调统一，具备多样性、生态安全和高效率的可持续属性特征（见图1-1）。而且绿色农业最大限度地实现了生物多样性可持续目标（包括景观多样性、物种多样性、遗传多样性、产品营养多样性等），实现了生态可持续目标（包括促进水土保持、减少毒素在环境中的释放、保护水资源等），实现了社会可持续发展目标（包括建立与消费者的信任关系、保护人类健康、提供安全的就业机会等），实现了社区经济可持续发展目标（包括提供足够的农业收入、支持本地企业、促进农村经济发展、提供农业生产者生活工

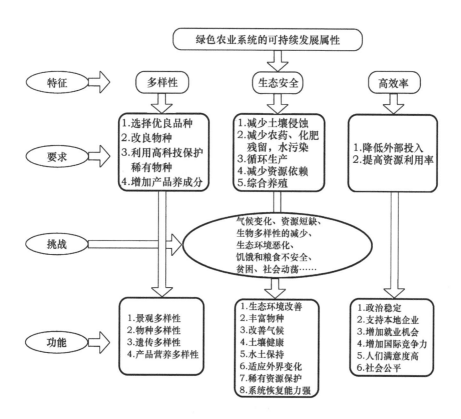

图1-1　绿色农业的可持续发展属性特征

资、促进社会公平等）。

为促进绿色农业的大规模发展和农业可持续发展，需要从以下三个方面进行科学安排和合理统筹。在生产资料方面，绿色农业广泛使用先进的、现代化的物质技术装备和安全的农业生产资料，是高度机械化的（Letsogile Emmanuel Molosiwa，2019）、安全的农业模式；在生产技术方面，绿色农业广泛采用先进的、现代化的科学标准和科学生产技术，是科学化的农业生产模式；在生产力组织方面，绿色农业是依靠全社会意识提高、社会各系统部门通力协作的农业模式，需要先进的、现代化的科学管理方法，是现代化农业生产模式。因此绿色农业是满足农业可持续发展要求，代表当代先进的生产理念，不断增强技术水平和管理水平（Junhu Ruan、Yuxuan Wang、Felix Tung Sun Chan et al.，2019），赶超发达国家农业生产水平的高效现代农业生产模式。

第二节 理论基础

绿色农业是涵盖了农业、林业、牧业、渔业及加工业的全系统，是真正意义上的大农业，绿色农业发展是涵盖了第一产业的全部内容的系统研究。因此，绿色农业的理论和实践研究离不开对产业发展理论的研究。对绿色农业的概念和内涵的深入理解，可以知道绿色农业重视与生态环境的有机结合，强调生产环境的安全、无污染，操作规程的严格和投入品的安全，以及科学的管理方法。因此绿色农业的理论与生态农业理论密切相关，绿色农业的快速发展需要生态理论的指导。

在绿色农业发展的进程中，存在诸多的发展制约因素。进行绿色农业发展机制研究，可以更好地协调事物内部各种关系，促进绿色农业快速发展。以机制设计理论为指导，采取科学的方法，进行合理的机制设计将更好地发展绿色农业，真正对绿色农业的发展提供保障。因此，本书下面将通过对幼稚产业理论、生态农业理论和机制设计理论的梳理，为建立绿色农业发展机制提供理论根据和理论支撑。

一　幼稚产业理论

幼稚产业（Infant Industry）是指某一产业处于发展初期，基础和竞争力薄弱但经过适度保护能够发展成为具有潜在比较优势的新兴产业（Robert E. Baldwin，1969）。幼稚产业保护理论（Infant Industry Theory）是美国经济学家亚历山大·汉密尔顿提出的对某些产业采取保护、扶持措施的理论，是国际贸易保护主义的经济学基本理论。在此基础上，经济学家弗里德里希·李斯特（Friedrich List）对该理论进行了系统的完善。其基本内容是：发展初期的新兴产业，发展规模较小，不具备足够的竞争优势。如果对该产业采取适当的保护政策，提高其竞争能力，将来可以具有比较优势，为国民经济发展作出贡献。

幼稚产业理论产生于19世纪初的英国工业革命，英国以亚当·斯密和大卫·李嘉图的自由贸易理论为依据，开始实行贸易自由化。而德国为阻止英国的自由贸易对本国经济的冲击，以李斯特的幼稚保护理论为依托，实行贸易保护政策（高文书，2003：6）。后来阿姆斯登（Amsden）、韦德（Wade）、张夏准（Chang Hajoon）和赖纳特（Reinert）等对幼稚产业理论发扬光大后，"新李斯特经济学"（Neo-Listian Economics）已经初具雏形。幼稚产业保护理论的思想主要体现在如下几点。

1. 经济发展阶段论

李斯特将国家的经济发展历程分为五个阶段，在不同阶段，应采取不同的贸易政策。由于欠发达的农业阶段和发达的农工商阶段，应实行自由贸易政策，刺激商品流通（刘艺卓、杨海成、尹文渊，2023），有利于本国发展。而在农业阶段，由于本国状况的改善将越来越弱，应采取保护政策，在这一点上与古典学说理论存在差异（Katja Pietrzyck、Nora Berke、Vanessa Wendel et al.，2021）。

2. 生产力论

针对古典经济学提出的自由贸易给参与国带来双边利益，李斯特指出，在过度关注交换利益时，国家的生产能力将会受到损害，影响国家、产业的长远利益，降低国家的竞争能力（汪洪涛、宋朝阳，2020）。以"促进生产力提高"为前提的产业保护是应该被提倡的。

3. 国家干预论

古典经济学强调市场的自动调节，反对政府对经济的干预。但是李斯特认为国家在经济方面的干预有利于维护更好的市场环境，是对经济的不放任。国家针对幼稚产业的发展制定积极的政策（Paola Cane，2019）。

4. 关税制度

为保护幼稚产业，国家对不同产业征收不同税率的关税。关税保护的前提是界定了幼稚产业的保护对象和明确了保护期限（汪洪涛、宋朝阳，2020）。

5. 幼稚产业的界定

由于选择的标准不同，界定幼稚产业关注的侧重点也不同，同时提供的保护办法也存在差异。幼稚产业界定标准主要有穆勒标准、巴斯塔布尔、肯普标准、小岛清标准等（刘艺卓、杨海成、尹文渊，2023）。

根据穆勒标准（Mill's Test），如果产业由于缺乏科技支持，导致生产率低下、生产成本过高、竞争优势缺失，则该产业为幼稚产业（余粮红、郑珊、高强，2022）。根据巴斯塔布尔标准（Bastable's Test），产业在保护期后，能够带来可观的收益，收益之和超过因扶持该产业所花费的社会成本，则该产业为幼稚产业（Paola Cane，2019）。根据肯普标准，如果产业具有明显的外部经济效应，则该产业受到扶持后，将给其他产业或社会带来极大的外部性，则该产业为幼稚产业。小岛清标准是依据比较成本和资源禀赋比率的变化进行界定的，当产业有利于对潜在资源的开发利用、有利于国民经济结构调整、有利于资源禀赋比率的提高（Paola Cane，2019），在产业保护中，若满足上述标准，则该产业为幼稚产业。

6. 幼稚产业的特点

第一，该产业属于未发展成熟的新兴产业，暂时不具备与国外较发达的同类产业竞争，却具有极大的发展潜力（Rosintansafinas Bt. Munir、Loo-See Beh，2019）。第二，该产业与很多相关产业的发展息息相关，对国家和社会产生外部效应（Robert A. Mundell，1957）。这一特征为幼稚产业的保护提供了必要性。第三，该产业在现阶段缺乏推动其发展的资金实力（Julien Demenois、Emmanuel Torquebiau、Matthieu Arnoult et al.，2020）。

幼稚产业理论，是借助一系列政策制定使幼稚产业免于国外同类产业的激烈竞争，为其发展提供各种优惠条件和良好的国际国内环境（Robert E. Baldwin，1969）。虽然李斯特并不否认自由贸易政策的正确性，针对提供幼稚产业保护的理论有效性争论一直非常激烈（Rosintansafinas Bt. Munir、Loo-See Beh，2019）。需要强调的是幼稚产业保护理论也存在一定的弊端，它极易被寻租者滥用，同时界定需要保护的幼稚产业也是很难的，可能会存在难以扶持长大的局面。一般保护措施在这些经济体中是合理的，但学者们怀疑这些条件的普遍性，并强调做出错误决定的高成本。如果要实现社会有效的资源分配，可能需要公共当局进行市场干预（Leonard Onyiriuba、E. U. Okoro Okoro、Godwin Imo Ibe，2020）。同时对关税的有效性存在怀疑，对于被认为是临时关税的一些主要条件，保护可能会减少社会福利，或者至少未能实现社会最佳的资源分配（Rosintansafinas Bt. Munir、Loo-See Beh，2019）。幼稚产业保护，像其他旨在纠正国内扭曲的保护措施，通过提高进口商品的国内价格高于世界水平，对消费者造成相对的福利损失。这里强调的一点是生产方面。不仅是与保护相关的消耗损失，而且作为一般原则，人们不能确定临时关税将导致生产的最佳增加，或者甚至在生产可能性曲线中的任何增加（Madiga Bala Dastagiri、Padigapati Venkata Naga Sindhuja，2021）。

幼稚产业理论具有理论合理性与现实的实用性。幼稚产业理论在实际应用上，成效最大的是德国，德国将幼稚产业理论付诸实践，用最短的时间成为一个工业强国（盛朝迅，2019）。美国、日本、韩国的部分产业采用了相应的保护措施，被扶持为综合效益高的主流产业（盛朝迅，2019）。但是在制度环境不完善的发展中国家，往往倾向于对幼稚产业的政策扶持，但是成效并不可观（Cornelius Hirsch、Harald Oberhofer，2020）。因此针对幼稚产业理论的应用，应具有明确的判断标准和合理的政策制定。

二 生态农业理论

绿色农业的实践源于生态农业理论。生态农业理论是遵循自然发展规律，根据自然界中的食物链和能量传递梯度设计的，利用自然系统内部物质循环和能量转化来建立自然合一的农业模式。生态农业理论以研究农业生态系统的结构、功能、发展演变规律为主要内容的理论体系（蒋黎、赵其国、尹雪斌，2022）。生态农业理论在指导农业实践过程中，主要运用的理论：农业生态系统理论、生态效应理论和整体效益原理。

农业生态系统是利用自然生物间的相互作用和相互依存关系，按照社会需求进行农业生产，是介于自然生态系统和社会系统间的有机系统（Courtland Kelly、Meagan Schipanski et al.，2020）。该系统受到自然规律的约束和人类行为的影响。基于农业生态方法（Junhong Hu、Xuehan Wu，2019），农业生态系统不断与其他系统进行物质交换和能量转换，有助于解决自然生态失调，有利于利用自然养分循环来促进农业生产（邓远建、超博，2022），提高农业经济效益。

生态效应理论是指在生态系统中，充分利用农业资源，重视生产要素的互补，利用作物差异，从各个方面选择适应作物生长的要素，利用"生物共生互利"原理，减少资源投入，提高农业利用效率；充分考虑生产时间的互补，采取套作生产，利用种群间相居而安原理，进行因地制宜生态建设，合理安排生产时间，延长作物对生长季节的利用，节约劳动时间；协调土壤肥力，充实生态位原理，依据不同生物对营养元素的需要和利用情况不同，而采取互补生产，协调土壤中的水分和养分供应（王倩、刘红文、贾淑霞等，2023）。

整体效益原理是指生态农业在遵循生态学原理的基础上，还应运用现代的科学生产技术和科学管理技术及手段，尊重生物生长规律，以保护生态环境，以生态系统动态演化为导向（林怡、叶菁、陈华，2023），追求较高的经济效益、生态效益和社会效益的整体效益。

我国关于生态农业理论的研究，依据生态学和经济学理论，运用系统工程方法，将农业生态系统看成一个不断与外界系统进行交换的半封闭、半开放的生产系统。充分将我国传统农业的精良耕作办法与现代的先进技术结合，根据因地制宜、整体协调、合理投入、充分利用、循环发展的原则，组织农业生产活动，追求低投入、高产出的生态农业系统（高尚宾、宋成军、徐志宇等，2021）。

西方关于生态农业理论的研究，虽然说法不尽相同，但是宗旨是一致的：遵循自然规律，强调生物的自然生长规律，将农业生态系统看成一个封闭的系统，强调系统内的良性循环，尽量避免系统外力，强调生产环境、生产方式的清洁，不追求农业的高投入和高产出，虽然倡导经济效益与生态效益的统一，但实际操作过程中，仍会以牺牲生产力来保护自然模式为主导思想（高尚宾、宋成军、徐志宇等，2021）。

中西方关于生态农业的理论研究，在系统循环、农业投入、生产目标等方面存在差异。这种差异的存在与各国的人口压力、资源压力、历史背景和发展阶段不同有关，未来生态理论的发展，将有机结合中西方研究的精髓，充分利用和尊重自然规律，重视和突出农业生态系统与外部系统的物质交换和能量转换，强调低投入、高产出，充分高效利用资源，加强生产环境和生产方式的清洁，促进整体效益的提高（高尚宾、宋成军、徐志宇等，2021）。

三 机制设计理论

机制（Mechanism）源于希腊文，本义是指机器的构造和其工作原理。这个概念包含两个方面的含义，一是机器的组成部分是什么和为什么含有这些部分；二是机器的工作原理是什么以及为什么是这样的。现在机制一词常常被引用到各个方面，由此产生了各类机制。此时把机制理解为有机体构造、功能以及相互关系（罗晋辉、郭建庆，1989）。机制设计理论是赫尔维茨分析制度问题的理论解释。机制设计理论是建立在双方自愿交换、自由选择、信息不完全及决策分散化的条件下，设计一套规则或制度用来达成既定目的的理论。

机制设计理论在一定程度上是综合运用了博弈论和社会选择理论的结果。假设人们是以博弈论所描述的方式做出行为的，并且设定按照社会选择理论，对各种情形都有一个社会目标存在，那么机制设计就是考虑构造相应的博弈形式，使得这个博弈的解，能够有效实现社会目标（许秀川、吴朋雁，2022）。

机制设计根源在于存在信息不对称。如果信息完全对称，那么也不会有机制设计了。由于每个参与者对其拥有的私人信息有着极大的操纵能力，参与者在没有约束的情况下，按照个人对信息的控制程度，追求收益最大化。然而社会作为整体就将由于参与者追求利润最大化，而无法形成收益的最大化，也就无法做到一般均衡，即帕累托最优（刘蓉、熊阳，2020）。机制设计者希望通过整合参与者的私人信息，选择和设计最优的契约，并且使参与者愿意达成这个契约，按照契约规定，规范自己的行为，从而达到提高参与者的收益，乃至提高社会整体收益，最终达到一般均衡（蒋再文，2015：14）。

机制设计理论要解决信息不对称、显示原理、参加者的机会成本与参加约束和激励相容（高鸣、姚志，2022）。机制研究包括很多方面的内容，主要涉及的机制内容包括机制的类型、机制的功能、载体、构建及评价几个方面。机制的载体是机制建立的外在形式和实现的依据，体制和制度是机制建立的基础。机制的建设必须要与体制和制度相符，才能发挥机制的作用。不同的体制要求有不同的机制与其相适应，同时机制建立后又必须要求建立相应的制度来保证。

机制的构建是一个繁杂的系统工程，每个体制和制度的改革与完善是相互联系的，不是简单地累加实现的，各个层次之间必须做到相互呼应、相互补充，这样才能发挥最大效用。与此同时注重人的因素也十分必要，执行力是机制建设的基础。体制与制度之间要实现相互结合，融合发展。制度可以有效地对体制的运行进行调节，反过来体制能够成为制度实现的保障体系。

第三节 文献综述

"石油农业"给生态带来沉重的负担，因此各国纷纷选择新的农业模式，并进行大量的理论研究和生产实践。为了深入剖析绿色农业的属性、特征及其发展压力，寻求更好地促进绿色农业发展的良策，本书对国内外关于绿色农业（或有机农业、生态农业等）的相关研究进行了回顾，结果表明，国内外的研究具有相同的脉络。首先是对国内外替代农业模式的探索；其次是替代农业内涵、属性、生产效率及约束条件的研究；最后是现阶段的研究，将重点放在了产业发展规律、机制构建上。本书旨在对国内外相关文献进行系统的综述与整理，以期对当前的研究状况与存在的问题进行归纳与总结，为探索我国绿色农业的发展机制打下基础。

一 绿色农业概念内涵研究回顾

在理论研究方面，国内外多数聚焦于有机农业、生态农业、绿色农业的概念（William Albreche，1970；M. Kiley-Worthington，1981；刘连馥，2005；严立冬、崔元锋，2009；李国祥，2017）和内涵（Meike Wollnia、Camilla Andersson，2014）方面的研究，世界各国开始不断探索新的农业发展道路。

其中，美国土壤学家阿尔布勒奇（William Albreche），1970 年第一次提到"生态农业"的概念，也就是绿色农业的前身。M. Kiley-Worthington（1981）从生态农业生产手段、生产要求层面，给出生态农业的概念，对生态农业的理论进行丰富和系统的解释，并明确指出生态农业实质上是杜绝添加任何人工合成制剂，是单纯依赖农作物和自然人工的生产体系。Rahmaniah HM、R. Darma、L. Asrul 等（2020）从化学品的使用、生产安排、生产与生物系统的整体性角度，解释有机农业的概念，强调有机农业的自然属性。联合国粮农组织（2008）从有机农业的功能角度解释有机农业，强调有机农业的对农业生态系统的提高，强调有机产品对气候变化的适应和抵御，包括不稳定的降雨和温度变化，明确有机农业的最终产品为有机食品，有利于促进食品安全的可持续发展。张秉福（2006），严立冬、崔元锋（2009）先后提出绿色农业的概念，分别从生产、理论基础、从微观到宏观层面分别阐述绿色农业的概念解释。

在绿色农业的属性研究中，Parviz Koohafkan、Miguel A. Altieri 和 Eric Holt Gimenez（2012）最先针对绿色农业进行属性分析。在气候变化、能源成本上升、社会动荡、金融不稳定、环境退化加剧的时代，通过对比分析，将学者们对于如何实现可持续农业，为当代人和子孙后代提供充足的粮食和生态系统服务的诸多看法，进行了归纳，得出了绿色农业是一种可以应对快速变化的世界挑战的新型农业以及其所需要的多种属性。M. S. Jumaah 等（2021）强调发展绿色农业的必要性和对农业生态环境的改善。在此基础上，结合我国农业生态系统演化过程中所面临的生态环境、社会经济、历史与政治等多种因素，明智的做法是，为农业生态系统定义一套灵活的、适应当地、服务未来的原则，为后续研究指明方向。

国内学者严立冬、崔元锋（2009）利用恩格尔曲线、帕累托最优及柠檬效应等经济学理论和方法对绿色农业的概念进行阐述。通过恩格尔曲线论证绿色农产品的演化应遵循"普通农产品—无公害农产品—绿色食品—有机食品"的顺序循序渐进地演变，指出，绿色农业应该是一个分阶段发展的农业模式（付伟、罗明灿、陈建成，2021）；通过对"生产—生态—经济三维价值"之间实现了交换、生产、产品混合的帕累托效率最优标准分析，指出绿色农业应基于此标准，逐步进行动态高级化改进；由于存在信息不对称（柳一桥、肖小虹，2022），绿色农产品是极易出现柠檬效应的产品，因此，第三方认证是矫正柠檬市场的正确方法和保证。

国内学者严立冬、崔元锋（2009）将绿色农业作为一个整体系统，提出了绿色农业的综合效益内涵。针对绿色农业的生态、经济、社会三个方面的综合效益，建立评价系统，构建衡量绿色农业发展水平的综合评价体系（周静，2021；明翠琴，2021），并指出在进行不同地区间绿色农业综合效益比较时，应考虑地理区位、社会条件及经济等差异。

其他学者还对有机农业的局限性、必要性和重要性进行阐述。指出有机农业发展存在着成本高（Preecha Sriprapakhan、Ritchard Artkla、Santipong Nuanual et al.，2021）、生产率低等制约因素，同时面对粮食数量和质量的高要求、提高生态系统服务的挑战，呼吁发展有机农业（Hulya Saygi、Ayhan Saygi、Mahmut Ali Gokce，2018），并进一步阐述有机农业的经济效益高于常规农业，但是目前状况还不适宜全面作物的有机化生产（Niggli U、Wang-Müller Q、Willer H. et al.，2021），还需不断调整产业结构，进行特色生产（王思博等，2019），才能为发展绿色农业在新农村建设、现代化农业发展、建设生态文明（于法稳、林珊，2023）、增加农民收入、改善生态环境及增强农产品国际竞争力等作出更大贡献（陈宏伟、丁建国、穆月英，2022）。

综上所述，由于国外有机农业、生态农业开展较早，因此国外内涵研究也较早、较丰富。自20世纪60年代起，有机农业、生态农业概念被逐步提出，相关研究接踵而至。从相关国外文献可以看出，对有机农业、生态农业的研究多针对内涵、作用、意义研究（见表1-2）。而绿色农业是我国在2003年首先提出的，因此国内对绿色农业关注较多、研究较多。但是绿色农业概念较有机农业、生态农业概念提出较晚，从相关国内文献可以看出，主要集中在内涵、意义、重要性研究等宏观层面。尽管国内外研究的替代农业模式有所差异，但是都深入分析了绿色农业发展的重要性和紧迫性。国内外研究所涉及的内容，为绿色农业的理论研究和实践生产提供可借鉴的思想和方法，具有现实意义。从国内外研究中可以看出，国内学者侧重于绿色农业的宏观分析，理论性过强，缺乏实践支撑，而国外学者着眼于有机农业、生态农业的微观分析，侧重技术研究，研究过于微观，不利于对绿色农业的全局把握。同时，对于多种替代农业模式的并存，相互之间的联系与区别的阐述，并未在研究中呈现，为后续界定可持续发展的主要农业模式留下了研究空间。

表1-2 替代农业内涵及特点归纳

农业模式	主流概念	核心内涵	特点	研究方向	代表性学者
有机农业	在维持地力和防治病虫害方面，通过加强自然过程和物质循环方式，对能源和物质消费适度，使环境不断向良性平衡方向变化的前提下，取得最佳生态效益的农业生态系统（Lord Northbournd，2003：2）	强调自然的耕种方式	标准高、产量低、集约性差	内涵、效率比较、产量比较、技术选择	Edith T. Lammerts van Bueren（2003），严立冬、崔元锋（2009）等
生态农业	生态上能自我维持、低输入，经济上有生命力，在环境、伦理和审美方面可以接受的小型农业（M. Kiley-Worthing，1981）	施用有机肥，以保护生态为基础	规模小、产量低	概念、重要性、生产模式	William Albreche（1970）
绿色农业	充分运用先进科学技术、先进工业装备和先进管理理念，以促进农产品安全、生态安全、资源安全和提高农业综合经济效益的协调统一为目标，以倡导农产品标准化为手段，推动人类社会和经济全面、协调、可持续发展的农业发展模式（刘连馥，2003）	保障粮食安全、提高投入产出比例、保护生态环境	多样性、生态保护、高效率	概念、内涵、重要性、发展历程、效益分析	Parviz Koohaf-kan、Miguel A. Altieri、Eric Holt Gimenez（2012），刘连馥（2013）等

资料来源：笔者根据相关文献观点整理。

二 农业绿色生产效率（AGTFP）研究回顾

随着可持续发展和绿色发展的理念日益被人们所关注，农业绿色生产逐渐成为农业发展的重要方式，引导着农业向低碳化、可持续化、环保化转变（李学敏、巩前文，2020；刘智，2020）。但是农业生物能源的生产效率低于常规农业能源（Preecha Sriprapakhan、Ritchard Artkla、Santipong Nuanual et al.，2021）。在研究过程中，人们不断认识到，农业绿色生产率的发展需要分析众多要素的影响，同时采用的测算方法也各有所长，不同的测算方法对农业绿色生产效率的反映也存在差异，因此如何提高农业绿色生产效率，实现农业的可持续发展，成为新时期绿色农业理论研究的关键。针对农业绿色生产效率的研究，学者们从不同角度进行研究，集中于从农业绿色生产效率的概念发展、影响因素及测算方法等角度展开研究。

国外学者较早地将环境污染纳入农业生产率测算中（Oskam A.，1991；Reinhard S.、Lovell C. A. K. et al.，1999），考虑环境因素的农业全要素生产率被称为"农业绿色生产率"（AGTFP）。我国关于农业绿色生产效率的研究较晚，学者发现农业环境对农业经济增长存在内在约束（Binbin Mo、Mengyang Hou、Xuexi Huo，2022；雷绍海、田曦、王成军，2023）。在测算中，将 SO_2、废水和固体废弃物排放量（王莹、冯菁、吕佩遥等，2023）、农业源氨氮排放量、农业源化学需氧量（王迪、王明新、钱中平等，2017）、农业面源污染和农业碳排放（Binbin Mo、Mengyang Hou、Xuexi Huo，2022）作为非期望产出。学者们从不同角度研究影响农业绿色生产效率的因素，主要涉及经济、政策、技术等方面（杜红梅、戴劲，2020）。农业生产效率是投入、产出和生态的综合，反映生产的综合效应，比产量、收入等指标更具发展意义，农业要取得绿色、生态、长远发展，必须明确生产效率重要性，不断进行效率提升。

此外，在农业生产效率测算问题上，测量模型也随着人们意识的进步不断优化。效率研究兴盛初期，大多学者采用的主流测算方法为SFA（随机前沿生产函数）法（洪名勇、龙娇、卓雯君，2023），但SFA方法测算过程中忽视了对环境造成的非意愿产出。另外，对多投入、多产出处理方便且能降低人为主观因素影响的 DEA（数据包络分析）法也广受欢迎（Yanqi Wang、Xiuyi Shi，2020），学者在农业生产率测算过程中不断优化，进化出的与 DEA 相结合的 ML 方法（周露明、谢兴华、朱珍德，2020）等新形式。

综上所述，关于农业绿色生产效率的研究着重从绿色生产效率的概念、影响因素及测算方法维度展开。但是现有研究测算方法不能很好地排除随机因素的影响。同时以往研究在科技、补贴、保险对于农业绿色生产效率的效应分析上，往往比较宽泛，与农业发展水平的结合测算更是不为多见。因此本书选取 SBM-Undesirable 模型（丁宝根、彭永樟，2019）进行效率测量，这种模型可以克服传统模型带来的随机偏差，已经在效率测算领域取得众多成果。同时结合科技、补贴、保险的长期效应分析，共同为构建绿色农业发展机制提供实证分析依据。

三　绿色农业发展机制研究回顾

绿色农业的发展不是一蹴而就的，而是一个不断完善、推进的过程。在发展的过程中，人们不断认识到，绿色农业的发展需要分析众多影响因素，同时也存在极大的信息不对称，决策分散等问题，因此如何促进农业生产者自愿选择绿色农业生产模式，实现农业可持续发展的最终目标，成为新时期绿色农业理论研究的关键。针对绿色农业有助于实现"喂养世界"，从而有助于"真正的绿色革命"，构建绿色农业发展机制成为很多学者的共识（Siqi Wu、Zhi Wang、Yarong Tan，2021）。20 世纪 70 年代菲律宾政府开始鼓励农业生产者从事生态农业，在资金支持、技术指导、销售渠道方面给予政策上的支持，这是世界上较早出现的生态农业机制研究。综合分析绿色农业机制的相关国内外研究，现有机制研究主要体现在以下几个层面。

1. 绿色农业科技创新相关研究

发达国家政府一直重视农业科研工作，将农业科研视为推进农业发展的重要支持手段（李丹，2022）。绿色农业生产有助于实现"喂养世界"，从而有助于"真正的绿色革命"，但是绿色农业需要一个全新的科技支撑体系和科学投资方向，采用良好的做法，进入主流的农业食品运动（L. G. Horlings、T. K. Marsden，2011）。而技术创新将有助于使有机农业可以更多比常规农业更具竞争力（Jie Sheng、Arshad Ahmad Khan、Shaofeng Zheng et al.，2021）。

针对绿色农业科技创新研究，国内外学者主要分析有机农业科技效率研究（Yevhenii Ulko，2019）和科技重要性研究（隋斌、董姗姗、孟海波等，2020）。

在关于有机农业科技效率的研究中，学者们几乎得出了一致的结论，即有机农业科技生产率比常规农业低，分析绿色农业科技生产率低的原因，学者们认为原因之一是绿色农业生产模式使产量降低，同时也面临着固定成本的显著增加，这些导致了绿色农业科技生产率降低，针对这个原因，学者们给出的方法是提高绿色农业科技投入，加大科技研发，降低生产成本（Ramakant M. Chaudhari、Mahesh L. Khachane、Rahul J. Dhande et al.，2019）。另一个原因是需要在绿色农业和常规农业间进行技术转换，而技术转换导致了绿色农业科技生产率比常规农业的科技生产率低（Ricci Maccarini E.、Zanoli A.，2004；Krishna Nemali，2022），因此可以通过学习来提高新技术的掌握，绿色农业的生产率将会随着时间的推移而上升（Ricci Maccarini、Zanoli A.，2004；Dun-Chun He、Yan-Li Ma、Zhuan-Zhuan Li et al.，2021）。

综上所述，有关绿色农业科技创新的研究，国内外学者对绿色农业科技创新的重要性和紧迫性达成共识，同时通过计量分析，普遍得出有机农业生产效率低于常规农业，并分析产生的原因。为绿色农业科技创新机制的构建奠定了理论与实证基础，但是通过调查所知，绿色农业科技创新还处于新领域，很多科研人员对绿色农业的研发方向不明确的问题（Maria Kernecker、Andrea Knierim、Angelika Wurbs et al.，2020），针对从根本上解决绿色农业的发展问题，科技创新的作用还并未充分发挥（姚辉、赵础昊、杨瑞等，2023），针对绿色农业科技创新机制对绿色农业发展水平的效用分析并未开展研究，而绿色农业科技创新的研究还仅处于初级阶段。

2. 绿色农业补偿相关研究

对于绿色农业生产的补偿研究，学者间很早就达成了共识。自20

世纪 80 年代起政府在丹麦、瑞典、挪威、芬兰、瑞士、奥地利和德国提供了各种形式的有限期补偿，来支持农业生产者有机转换（Heike Pannwitt、Paula R. Westerman、Friederike de Mol et al.，2021）。随着有机农业得到社会更广泛认可，欧洲政府更积极地补贴有机农业（H. K. Panta，2019），只是在近几年的研究中，学者们较多关注绿色农业的生态补偿问题。

关于绿色农业补偿机制的研究，国内明显多于国外。对绿色农业的生态机制研究尤为关注，其中较多地集中在绿色农业的生态补偿方面。国内外学者对绿色农业补偿从两个方面进行论证，一方面针对降低农业负外部性和促进良好生态环境的供给（Qiang Zhang，2020），有机农业面临着收益率低和成本高的问题（Bidya Kiran Sapkota、Ananta Prakash Subedi et al.，2021），政府应该资助有机农业生产，给予一定的补偿，同时利用数据分析，论证了建立对环境污染和生态破坏进行补偿的必要性（彭小霞，2021）；另一方面针对绿色农业在保护生态环境的正外部行为，鼓励建立生态补偿机制来补偿额外成本和鼓励生态产品及服务的长期供给（王宾，2017），针对绿色农业补偿的"市场失灵"、绿色农业科技财政支撑乏力、补偿投融资机制的缺乏及环境产权界定不明确的问题，构建包括生态保护、修复及发展补偿金融支持的绿色农业生态补偿机制（何寿奎，2019；李周，2023）。学者从有机产品的提供和公平贸易的角度，建议政府干预和实施有机农业生产补偿（Qu Feng、Yang Zisheng，2019），指出生态系统服务的补偿和奖励（CRES）应成为减贫和减缓的有效工具，并期望建立相应的机制制度来降低交易成本。同时国内学者在补偿方式、标准和监管体系、补偿模式、补偿体系等方面进行研究（周颖、梅旭荣等，2021），并运用层次分析法和模糊综合分析法，构建绿色农业产地环境生态补偿政策绩效评价指标体系，并对实施绩效进行评价（崔惠玉，2022）。

从上述的文献梳理可以看出，学者们对绿色农业实施补偿的必要性已经达成共识。但是国内外学者对生态补偿机制研究较多，研究人员大多把视野停留在对生态的补偿方面，研究补偿的主体、范围界定、补偿标准及补偿实施效果分析和对策建议方面。从农业生态补偿的研究来看，研究从基础理论研究不断延伸到实践应用研究，研究方法较多，研究范围较多，研究维度宽广，但是却较少有研究环节的统一。而针对绿色农业的补偿研究在范围界定上不仅包含农业生态的补偿，还应包含绿色农业所带来的安全农产品的收益成本差距的补偿。因此国内外现有农业生态补偿的研究还仅仅是绿色农业补偿研究的一部分，在研究绿色农业补偿内容时，现有研究还不能把生态效益补偿和社会效益补偿、经济效益补偿结合起来，还存在很大的研究空间。同时现有研究没有真正区分绿色与非绿色农业之间在补偿效果上的界定，农业补偿规模对绿色农业发展水平的效用分析还属空白，因此无法真正理解和清楚判断农业补偿机制对绿色农业发展的促进与保护。

3. 绿色农业保险相关研究

农业风险的管理和保险的作用一直是研究人员和政策制定者的注意中心。一直以来，研究者多数针对有机农业保险产品需求不高，参保积极性不高（富丽莎、秦涛、汪三贵，2022）的状况，分析导致需求不旺盛的原因。即使得到公众的大力支持，保险需求也不会很高，普遍认为这种故障的原因在供应或需求条件下的信息的不对称和不完整（Yuliia Aleskerova，2020），并由此产生的逆向选择问题、道德风险和系统性风险。特别在由于产量风险的系统性，再保险变得非常昂贵，没有政府补贴或公共再保险，保险公司将承担非常高的费用（Brinda Nepali，2021）。在需求方面，农业生产者无法准确评估利益，成为农业保险往往被认为是有限需求的一个可能的原因（Maria Caria、Giuseppe Tedde、Antonio Pazzona，2019）。在一个全球趋势，农业政策的自由化，可能增加波动性农业价格，因此农业生产者暴露于自然灾害中（Yanwen Tan、Huasheng Zeng，2019）。预期的保险回报率是确定保险需求的一个重要因素，保险的财政问题将对这一领域产生影响（Brinda Nepali，2021）。

绿色农业的社会、环境和健康的属性，转换期和认证期都需要有较大的投入，而有关绿色农业保险一直无法与常规农业保险进行区别。国外学者针对绿色农业与有机农业的风险情况进行了研究，从多个角度论证绿色农业面临更大的风险（尹丽、赵振洋等，2022）。绿色农业生产者面对低市场价格仍然脆弱，将承担在常规农业中没有经历的重要风险，农业生产者将在更大的不确定性下行为（Shahjahan Ali、Bikash Chandra Ghosh、Ataul Gani Osmani et al.，2021），限制使用农药、化肥、合成药物、有机肥料等导致生产风险的增大，同时较小的生产规模，导致承担市场风险的能力不强。

针对绿色农业风险大、保险产品单一、保险赔偿率低（Tareq Hasan，2019），在有机农业和常规农业的分析中，指出保费和营销费用高，缺乏政府激励措施是有机农业发展的障碍，因此政府对绿色农业的保费支持，改善绿色农产品保险覆盖面（周法法、郑义等，2022），改善补偿方式（王彬彬、李晓燕，2019），提高绿色农业保险供需，将使绿色农业保险助推绿色农业产业化发展（胡芳、何逍遥、曹传碧等，2022）。从政策角度来研究农业保险机制，Alicia Mateos-Ronco 和 Ricardo J. Server Izquierdo（2020）指出对于规避农业风险人们倾向于将私人与公共风险管理工具结合起来，农业保险与其他保险相结合，可以有效应对风险的不确定性与突发性。

综上所述，针对绿色农业保险问题的研究，国内外学者对绿色农业保险的供需不平衡的剖析非常翔实，对绿色农业和常规农业的风险类型、风险差别也进行了研究，同时为绿色农业保险提出了相应的对策，为后续研究绿色农业保险机制奠定了研究基础。但是在研究中，多数学者关注对绿色农业保险的政府补贴的研究，而实际上忽视了政府诱导和市场自动调节的相互关系与相互作用，并未对绿色农业保险机制进行整体设计，给出切实可行的模式。

4. 绿色农业信用相关研究

世界各国的生态农业、有机农业实践快速发展的同时，学者也开始涉猎有关绿色农业的机制研究，但由于国外农业经济的自由化和市场化，国家宏观政策干预较少，更多的数据显示国外有机农业的机制研究主要表现在有机农业的信用机制中的认证机制和监管制度方面。而国内学者更青睐于监管体系的研究。

由于存在信息不对称，消费者根据自身对农产品的识别能力将农产品分为：搜索品、经验品和信任品，依据这种分类，有机食品的标识与消费者认知之间的差距，必然存在食品安全问题，加大监管将有效解决食品安全问题（王晶静、孔令博、林巧等，2023），并需提出适用的监管制度。同时针对有机农业快速发展和食品安全问题，需要构建有机农业发展的信用制度设计，为进一步保障食品质量安全，需进一步完善食品安全的监管体系，建立食品安全信用档案（徐国冲、李威璐，2021）。

有关认证机制的研究，主要集中在因信息不对称，食品安全问题频出，加强有机食品认证的重要性（Sabita Aryal Khanna、Lekendra Tripathee，2018），有机食品认证对解决信息不对称的积极作用（Jiang Zhao、Ksenia Gerasimova、Yala Peng et al.，2020），同时也对获得认证的影响因素（Gezahagn Kudama、Hika Wana、Mabiratu Dangia，2021）进行研究，而认证成本高也是有机农业发展的制约因素（Choon-Soo Lee、Hun-Min Yang，2021）。

然而，由于使用过多的劳动力（李谷成、郭伦、高雪，2018），外部成本的减少在很大程度上取决于劳动力是如何被替代的，从停止使用农药、化肥的成本降低到生物技术和有机肥料使用的成本差异（Janne Spanoghe、Oliver Grunert et al.，2020）。因此农业生产者的利益需要转换为有机产品的认证和商品化生产（Jiang Zhao、Ksenia Gerasimova、Yala Peng et al.，2020）。

不论有机农业还是绿色农业，都属于新兴产业，由于存在信息不对称，食品安全问题频出，因此监管机制的构建了得到国内外学者的共识，同时国外学者在有机认证方面认识较早，对认证的作用理解非常深刻。有机产品的信息不对称成为买卖双方的最大障碍，因此国外学者很早就提出有机认证是解决信息不对称的重要方法，从认证的重要性、作用及存在的环节多、成本高的问题着手研究。国内外对于认证和监管的每一个层面的研究都很有深度，但是国内外学者对于绿色农业的监管、认证的研究，还属于单一层面，研究范围还很局限，并未挖掘绿色农业信用问题背后所涉及的生产标准、监管、认证之间的关联。

纵观国内外学者的研究，关于绿色农业发展机制的研究相对较丰富，学者在农产品认证、生态补偿、农业保险、科技创新方面均有涉猎。从现有研究可以看出，这四个维度的机制对绿色农业发展的重要作用及重要程度，学者们已达成共识，并给予肯定。但是现有研究多属于单一维度的机制研究，对促进绿色农业发展的多种机制的作用研究还未形成。由于我国地域辽阔，区域经济差异较大，因此各地区的生态环境保护和改良水平参差不齐，都在呼唤建立绿色农业机制的研究，现有的单一层面、单一环节研究的效果并不明显，发展机制的任何单一方面都不足以给绿色农业带来更为可观的效果。

第二章　中国绿色农业发展现状分析及机制框架设计

随着对生态环境恶化及食品安全的重视，研究人员和政策制定者认识到绿色农业生态实践和创新的潜力的重要性。由于绿色农业的弱质性、外部性等特点，加速构建科学的绿色农业发展机制，对绿色农业提供支撑显得尤为重要（Hari Dahal、Madhav Karki、Tamara Jackson et al.，2020）。首先对我国绿色农业发展现状进行分析；其次制定绿色农业发展机制设计原则；最后根据幼稚产业理论，结合绿色农业属性，构建绿色农业发展机制框架。

第一节　中国绿色农业发展现状分析

一　中国绿色农业的阶段分析

我国绿色农业的产业成长历程，需要追溯到绿色食品产业时期。该时期也被很多研究学者定义为绿色农业的萌芽阶段（王俊芹、苑甜甜，2023），因此我国绿色农业经历了对生态环境的重视、人们对食品安全的逐渐关注，以及逐渐融合于国际市场、全面发展等多个时期。

（一）绿色农业的萌芽阶段（1989—2002 年）

尽管我国在传统的农业模式中，对绿色生产的涉足可以追溯到古代，然而，真正的绿色农业的萌芽，却应从人们对食物的质量安全的重视，有组织有计划地开展绿色食品的生产入手（刘连馥，2013）。因此将绿色农业的萌芽时间开始于绿色食品概念的产生（1989 年），这标志着我国绿色农业生产实践的真正意义上的开始。这一阶段的特点是，绿色农业的生产实践已经开始，并得益于生态理念的形成和绿色食品的积极发展，这些为绿色农业发展提供了契机（王俊芹、苑甜甜，2023），但是本阶段，绿色农业的关注点主要落在最终产品上，相关的理论研究并未深入开展。

绿色农业的早期生产模式是在一些农场开始起步。在之后的三年时间里，农垦系统逐步制定出一系列的生产规范、技术规范、管理方法，并颁布了《绿色食品标志管理办法》等有关管理条例（王俊芹、苑甜甜，2023）。我国于1990年加入"有机农业运动国际联盟"组织。同一年，全国获得认证的绿色农产品为127个，1993年到达高峰，当年新增绿色农产品217个。不过此时参与绿色农产品生产的农业生产还属于绿色农业转换期。

在随后的十年中，绿色食品管理和技术的系统不断提高，绿色食品和绿色农业的生产也在不断扩大，发展开始加速。绿色食品新增产品数量在逐年增长，绿色农产品的农业耕种面积于1995年就已经增长到了113.34万公顷，农作物产量达到了21亿千克，到1996年增长到了213.34万公顷，产品产量达到36亿千克。1997年后加快了绿色农产品的社会化进程。政府重视绿色农产品的发展，着力于绿色农产品的宣传，人们对绿色农产品的认可度快速提升。此时人们更为关注对绿色农产品的调查。直到2001年，当年认证绿色农产品的公司数量达到536个，已经有效使用绿色农产品标志的企业的数量是1217个，成功使用绿色农产品标志的物品共计达2400个，土地监测面积为386.67万公顷，农产品的销售数量已达到84亿美元，产品出口金额为25亿元人民币。2002年，当年认证的企业数为749个，当年认证的产品数量为1239个。

综上所述，虽然在绿色食品蒸蒸日上的十几年间，绿色农业的生产活动也在有序进行，相关生产规定也逐步出台，但是此时，由于没有明确的绿色农业概念，考察和关注的侧重点还停留在生产的最终环节，并没有从系统的角度看待"绿色农业"，更没有形成绿色农业的全局思想和意识，因此此时仅仅停留在绿色食品产业向绿色农业过渡阶段，生产也多属于绿色农业生产的转换期，仍然属于绿色农业的萌芽时期。

绿色食品在生产实施过程中的不断调整，相关生产规程的不断完善，这些都为绿色农业的后续实践和理论研究奠定了雄厚的基础。

（二）绿色农业的初步发展阶段（2003—2012 年）

绿色农业在此阶段逐步完成了概念引入、理论基本形成、示范区的建立和产业的形成和成长。这一时期的特点是：概念不断完善、理论研究不断深入，生产规程逐步完善，相关法律、政策不断健全，但是绿色农业覆盖率仍然较低。

中国绿色食品协会在 2003 年 10 月 "亚太地区绿色食品与有机农业市场通道建设国际研讨会" 中第一次提出 "绿色农业" 一词后，绿色农业理论研究与实践才真正结合和落实。绿色农业概念出现之前仅仅作为绿色农产品的扩展，是为了解决绿色农产品生产销售的瓶颈问题。因此在概念提出时，其相关的法律法规以及制度规范还延续绿色食品的相关规定，并没有系统地形成。但是概念被充分理解后，吸引大批专家参与到绿色农业的理论研讨以及实践探索。中国的研究中心、农业院校及农业部门的多位专家积极围绕绿色农业开展理论研究，经过近两年的调查、探究、总结，2005 年基本建立了绿色农业概念的理论根据，形成了比较完整的 "绿色农业" 理论系统。

2005 年，第一批绿色农业示范基地申请建立，并获得国家财政支持。2007 年，财政部投资 3500 万元建设示范性区域。截至 2012 年 1 月，在我国一共建立了 101 个绿色农业示范区（刘连馥，2013），绿色农业示范基地旨在用全新发展标准样式以及全新经营观念打造区域特色品牌（李大垒、陆迁、高建中，2023），形成绿色产业突出、规模效应明显、组织化程度较高、农民增收效果显著的龙头企业和示范合作社。绿色农业的发展，离不开示范区的建设，更离不开不断强化的法律和相关制度。2006 年国家颁布《农产品质量安全法》，对农产品的质量严格把关，规范农产品产地、生产、流通管理；开始对绿色农业的生产进行严格的监管；对农药、兽药、鱼药的使用，肥料的使用及产地质量管理等制定相应的标准（王俊芹、苑甜甜，2023）。2011年中国绿色农业服务联盟（China Green Agriculture Service Alliance）在北京成立。该联盟是致力于绿色农业的产业链全程服务组织。联盟为国家与农产品生产者构建了一座桥梁，为双方起到了沟通枢纽的作用。联盟由研究机构、科研院校、媒体单位、保险企业、金融机构、认证机构、咨询机构、连锁超市等构成。组成部门承担服务绿色农业的作用，整合行业内的各种优质资源，为绿色农业发展起到助推器的作用。

（三）绿色农业的全面发展阶段（2012年至今）

绿色农业在经历了萌芽与形成时期，做好了充足的准备，2012年11月，党的十八大正式提出"绿色发展理念"，这是兼顾经济价值与生态资源可持续发展的标志性政策文件（王俊芹、苑甜甜，2023），因此，2012年开始，绿色农业进入全面发展阶段。这一阶段，构建了系统性农业面源污染防治政策体系，绿色发展理念突出体现（王俊芹、苑甜甜，2023），绿色农业从高速发展到稳步发展，品牌效益日益明显。绿色农产品品牌的认知度，以及在国际上的影响力连续稳定升高，更多的绿色农产品打入了大型超级市场，并且逐步向国际市场发展（王俊芹、苑甜甜，2023）。在我国已经有一大部分大中型城市，成功建立一批绿色农产品专业营销网点，市场流通体系建设在不断完善和发展。绿色农产品不仅获得了较高经济效益，还提升了生态效益和社会效益。

习近平总书记的"两山"理念为中国的绿色发展提供有力支撑，使之成为当代农业发展的趋势。随着中国对农业资源和环境的约束日益严苛、面源污染加重、生态环境问题突出，迫切需要实现农业的绿色发展。2019年，农业农村部办公厅印发的《2019年农业农村绿色发展工作要点》中，提出推进农业绿色生产、强化农业污染防治、促进农业资源节约利用等。此外，党和政府先后在党的十九大、十九届五中全会及连续多年的中央一号文件中，都对促进农业绿色发展进行了决策部署，在2021年中央一号文件中，更是着重指出了要推动农业的绿色发展，并以"农村生产生活方式绿色转型取得积极进展，化肥农业使用量持续减少，农村生态环境得到明显改善"为具体目标，标志着中国农业的绿色发展已进入全面加速发展的新时期。

但是我国在机制创新、制度创新、农业资金投入等方面的支持力度还是不够。要按照一号文件对农业绿色发展顶层设计的要求，持续推动绿色农业产能提升和结构的优化，助力农业强国建设。

二　我国绿色农业发展阶段现状分析

随着我国经济增长方式从高速增长阶段转向高质量发展阶段，我们国家绿色农业有了很大的发展并且得到了充足的进步，绿色农业产业环境得到极大改善，绿色产品受到社会的欢迎。本书从中国绿色食品发展中心网站获取《绿色食品统计公报》，由于现有数据截至2021年，故选取1996年至2021年间的相关数据进行统计分析（后续变量均截至2021年），1996年至2021年我国绿色农业发展情况如表2-1所示。

表2-1　　　　1996—2021年我国绿色农业发展情况统计

年份 名称	当年认证绿色食品产品数（个）	增长比（%）	绿色食品产地环境监测面积（万亩）	增长比（%）	产品销售额（亿元）	增长比（%）	产品出口额（百万美元）	增长比（%）
1996	289	—	2248	—	155.3	—	9	—
1997	341	17.99	3213	42.93	240	54.54	70.5	683.33
1998	419	22.87	3385	5.35	285	18.75	88	24.82
1999	593	41.53	3563	5.26	302	5.96	130	47.73
2000	819	38.11	5000	40.33	400	32.45	200	53.85
2001	988	20.63	5800	16.00	500	25.00	400	100.00
2002	1239	25.40	6670	15.00	597	19.40	840	110.00
2003	1746	40.92	7710	15.59	723	21.11	1080	28.57

续表

年份\名称	当年认证绿色食品产品数（个）	增长比（%）	绿色食品产地环境监测面积（万亩）	增长比（%）	产品销售额（亿元）	增长比（%）	产品出口额（百万美元）	增长比（%）
2004	3142	79.95%	8940	15.95	860	18.95	1250	15.74
2005	5077	61.58	9800	9.62	1030	19.77	1620	29.60
2006	5676	11.80	14598.7	48.97	1500	45.63	1950	20.37
2007	6263	10.34	23232.4	59.14	1929	28.60	2140	9.74
2008	5651	−9.77	25871.6	11.36	2597	34.63	2320	8.41
2009	5865	3.79	24848.8	−3.95	3162	21.76	2160	−6.90
2010	6437	9.75	23923.9	−3.72	2823.8	−10.70	2310	6.94
2011	6538	1.57	23960.5	0.15	3134.5	11.00	2300	−0.43
2012	6796	3.95	24192.6	0.97	3178	1.39	2840	23.48
2013	6902	1.56	25642.7	5.99	3625	14.07	2603	−8.35
2014	8826	27.88	34433.7	34.28	5480	51.17	2480	−4.73
2015	8228	−6.78	26193.7	−23.93	4383	−20.02	2280	−8.06
2016	8930	8.53	19906.7	−24.00	3866	−11.80	2511	10.13
2017	10093	13.02	15162.2	−23.83	4034	4.35	2545	1.35
2018	13316	31.93	15732.4	3.76	4557	12.96	3210	26.13
2019	14699	10.39	20848.2	32.52	4656	2.17	4131	28.69
2020	16863	14.72	15603.3	−25.16	5075	9.00	3678	−10.97
2021	21638	28.32	14756.4	−5.43	5218	2.82	2912	−20.83

数据来源：根据1997—2022年《绿色食品统计公报》整理计算得出。

（一）总体形势：稳步上升

虽然早在绿色食品概念提出时，绿色农业的产业萌芽已经开始，但是我国对于相关数据的整理始于1996年，因此在研究问题时选用数据的起始年份为1996年。在现有数据中选取有代表性的当年认证绿色食品产品数、产地环境监测面积、产品销售额和产品出口额这几个统计数

据，从产品标准化程度、环境改善、产品需求到国家认可几个方面进行
比较分析。图 2 - 1 可以看出，我国绿色农业的发展整体情况。从 1996
年开始，我国的绿色农业得到了较快地发展。通过认证的企业、绿色食
品产品数量、产品的销售额和产品出口额数据，除个别年份有所波动
外，总体呈上升趋势。首先，农业资源环境持续得到改善，1996—2021
年，绿色食品产地环境监测面积由 2248 万亩扩大到 14756.4 万亩，增
加到原来的 6.56 倍，年均增速达到 21.4%，产地环境有所改善。其次，
绿色农产品质量大大提高，使用绿色食品标志的企业与产品数量快速增
长，绿色供给能力显著增强，但是速度却很慢，这表明绿色农产品的发
展已经进入了瓶颈期。最后，绿色食品的市场需求不断扩大，1996 年
全国绿色食品国内销售额 155.3 亿元、出口额 900 万美元，2021 年分别
达到 5218 亿元、2912 亿美元，年均增速分别达到 15.09% 和 26.01%。

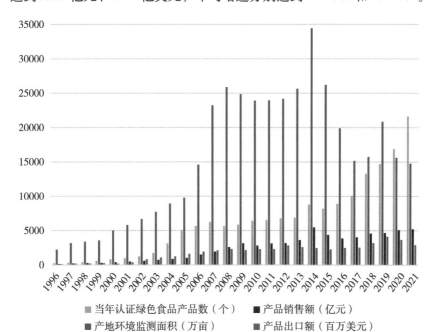

图 2 - 1　1996—2021 年我国绿色农业发展情况统计

数据来源：根据 1997—2022 年《绿色食品统计公报》整理得出。

（二）阶段特征

从现有统计数据可以看出，1996—2021 年，我国绿色农业发展水平逐年稳步提升、产品标准化程度、环境改善、产品销售到国际认可都得到较好的发展。

在绿色农业的萌芽阶段，人们开始认识到绿色农业发展的必然趋势，绿色农业环境改善较好，产地环境监测面积呈现快速上升。产品认证得到认可，当年认证绿色食品产品数增长较快，短短几年内数量从 289 个，到 2002 年的 1239 个，增长最快。但是市场认可度不够，产品销售额增长明显不如认证数量的增长情况。国际出口额增长最大，一方面可以看出国外巨大的消费市场，另一方面可以看出我国绿色食品逐渐走向国际。

在绿色农业的初步发展阶段，从 2003—2012 年，绿色农业处于规范、标准不断提升的阶段，环境监测、产品认证标准、产品品牌的创立，都处于一个逐渐完善的阶段，当年认证产品数、产地环境监测面积、产品销售额、产品出口额都处于递增的上升，到递减的上升，再到递增的上升的变化。

在绿色农业的全面发展阶段，2013—2021 年的数据可以看出，除个别年份外，增长相对平稳。2015 年农业部为贯彻落实《社会信用体系建设规划纲要（2014—2020 年)》中明确强调的对绿色食品质量监管的紧迫性，突出对绿色食品产品及监测的规范，严格实施绿色食品产品认证规则及标准，因此 2015 年的相关数据发生变化。绿色食品产地环境监测面积在 2015 年发生骤变的原因是，在绿色食品产地环境监测面积的统计中，对草场面积的统计变化，所以在 2003—2014 年发生了激增，2014—2015 年发生了骤降。2019 年受到中美贸易战，我国绿色食品出口受到一定的阻力，2020 年受疫情影响，数据有所回落。

（三）区域差异

随着绿色农业在我国不断发展，我国绿色农业发展在不同区域内差异明显，其中 2020 年仅黑龙江、江苏、安徽和山东四省的绿色食品数总和就超过全国总量的三分之一。而 2021 年，当年绿色食品产品获证企业数量东部、中部、西部、东北部分别达到 3946 家、3129 家、2493

家、918 家，当年绿色食品获证产品数东部地区为 7480 个，中部地区为 6039 个，西部地区为 5890 个，东北部地区为 2220 个，从上述数据对比中可以发现，在东部地区、中部地区绿色农业的发展水平领先，东北地区整体发展水平落后，西部地区条件虽然好，但因绿色农业发展起步较晚，导致发展水平较东部地区明显落后。我国地域幅员辽阔，不同区域间农业资源、发展水平与政策支持有明显的差异，使得我国绿色农业发展水平出现地域分异，但不同区域间并非完全没有关联，而是具有较强的辐射联动效应，因此我国绿色农业发展需要建立完整的体制机制，实现不同区域的协同发展。

三　我国农业绿色生产效率（AGTFP）发展现状分析

绿色农业作为一种科学、权威、先进、生态、安全的农业生产方式，逐渐得到了各国政府、人民的青睐，国内外对绿色农业的支持和推崇热情高涨。绿色农业生产行为受多种规则限制，污染性、有害性农用品使用较少，有利于环境生态保护，促进农业绿色发展。然而，绿色农业倡导使用的有机肥料、绿色农药等费用较高，农户成本负担较重，但其污染排放造成的生态破坏却远低于常规农业，因而其生产效率目前不得而知。生产效率是要素投入、产品产出及环境影响的综合，极具未来发展意义。

本书使用 SBM-Undesirable 模型计算基于粮食的农业绿色生产效率。假设农业绿色生产中有 n 个决策单元（DMU），每一决策单元中包含一个投入向量及两个产出向量（绿色产出、绿色生态），分别为 $x \in R^m$，$y^q \in R^{s1}$，$y^b \in R^{s2}$，表示 m 类投入要素，X、T 类绿色产值和 X、T 类非绿色生态产出，定义以下矩阵：

$X = [x_1, \cdots, x_n] \in R^{m \times n}$，$Y^q = [y_1^q, \cdots, y_n^q] \in R^{s1 \times n}$，$Y^b = [y_1^b, \cdots, y_n^b] \in R^{s2 \times n}$，$s.t. X > 0$，$Y^q > 0$，$Y^b > 0$，则 SBM-Undesirable 模型为：

$$\rho = \min \frac{1 - \dfrac{1}{m} \sum_{i=1}^{m} \dfrac{s_i^{-}}{x_{i1}}}{1 + \dfrac{1}{s_1 + s_2} \left[\sum_{t=1}^{s_i} \dfrac{s_t^q}{y_{t0}^q} + \sum_{t=1}^{s_2} \dfrac{s_t^b}{y_{t0}^b} \right]} \qquad (2.1)$$

$s.t.\ x_0 = X\lambda + s^-, y_0^q = Y^q\lambda - s^q, y^b = Y^b\lambda + s^b, \lambda \geqslant 0, s^- \geqslant 0, s^q \geqslant 0, s^b \geqslant 0$

方程（2.1）中，ρ 函数中分子表示投入无效率程度，分母表示产出无效率程度，s^-、s^q、s^b 为松弛量，分别表示投入冗余、绿色产量不足和绿色生态破坏过量。$\rho \in [0,1]$ 且关于松弛量递减，$\rho < 1$ 表示存在效率损失，需要进行改进。

（一）指标选取及数据说明

本书依据绿色粮食生产实际，选取投入与产出两个一级指标进行效率测算，其中投入指标包含劳动力投入、机械投入、土地投入等七个二级指标，而产出指标依据是否合意分为绿色粮食产值及非绿色生态产出，具体说明如表 2 - 2 所示。

表 2 - 2 绿色粮食生产效率投入、产出指标说明

一级指标	二级指标	变量及说明
投入指标	劳动力投入	第一产业就业人数 ×（绿色粮食产值/农林牧副渔业总产值）（万人）
	机械投入	农业机械总动力 ×（绿色粮食作物生产基地面积/种植业总面积）（万千瓦）
	土地投入	绿色粮食作物生产基地面积（千公顷）
	化肥投入	化肥亩均使用量 × 绿色粮食作物生产基地面积/（1 + 42.9%）（万吨）
	农药投入	农药亩均使用量 × 绿色粮食作物生产基地面积/（1 + 40%）（万吨）
	农膜投入	农膜亩均使用量 × 绿色粮食作物生产基地面积（万吨）
	灌溉投入	绿色粮食作物生产基地面积 ×（耕地灌溉面积/耕种总面积）（千公顷）
产出指标	绿色粮食产值	种植业单位面积产值 × 绿色粮食作物生产基地面积 ×（1 + 25%）（亿元）
	非绿色生态产出	化肥、农药、农膜、灌溉碳排放加总（万吨）

资料来源：笔者整理。

1. 投入指标

本书依据绿色粮食生产实际，结合已有农业生产率测算研究，选取七类投入指标：①劳动力投入。本书依据绿色粮食与第一产业产值比计算绿色粮食劳动力投入。②机械投入。农业机械投入主要汇集于种植业，因此根据绿色粮食面积占种植业总面积比重进行测算。③土地投入。选用绿色粮食生产基地耕种面积。④化肥投入。H Luan、H Qiu（2013）通过实证研究，发现中国农户每亩过量施肥占施肥总量的42.9%，绿色农业要求降低施肥量至安全水平，本书中绿色农业施肥量按此标准进行计算。⑤农药投入。中国常年农药过量施用达40%（H Luan、H Qiu，2013），本书以未超标的农药施用量为依据，计算合规绿色粮食农药用量。⑥农膜投入。绿色农业没有规定农膜标准用量，仅对土地质量有所规定，因此本书采用常规农业亩均用量乘以实际面积进行测算。⑦灌溉投入。本书以耕地灌溉面积与耕种总面积的比值作为权重，计算绿色粮食实际灌溉面积，最终汇总结果如表2-3所示。

表2-3　　　　　　　　绿色粮食生产效率投入指标数据

年份	劳动力投入（万人）	机械投入（万千瓦）	土地投入（千公顷）	化肥投入（万吨）	农药投入（万吨）	农膜投入（万吨）	灌溉投入（千公顷）
2021	627.8	4558.56	7136.01	102.45	4.89	6.65	2976.27
2020	685.1	4425.76	7018.01	102.64	5.13	6.67	2897.95
2019	743.4	4275.66	6904.20	104.89	5.41	6.68	2857.64
2018	819.5	4138.60	6840.60	108.75	5.79	6.78	2815.03
2017	780.7	4062.58	6840.60	112.42	6.35	6.93	2789.00
2016	791.9	4359.32	7483.53	125.15	7.28	7.78	3009.78
2015	951.2	4861.20	7258.60	122.25	7.24	7.55	2866.07
2014	1288.1	4481.41	6850.60	116.01	6.99	7.13	2676.63
2013	968.7	3390.23	5341.21	89.99	5.49	5.42	2070.98
2012	992.9	3570.23	5641.93	94.82	5.87	5.53	2175.39
2011	1102.4	3078.96	5051.87	83.84	5.25	4.82	1943.17

续表

年份	劳动力投入（万人）	机械投入（万千瓦）	土地投入（千公顷）	化肥投入（万吨）	农药投入（万吨）	农膜投入（万吨）	灌溉投入（千公顷）
2010	1228.4	2610.48	4461.80	73.00	4.62	4.08	1697.95
2009	1612.1	2347.85	4219.40	67.66	4.28	3.72	1590.21
2008	1437.3	1955.46	3701.20	58.15	3.71	3.18	1391.15
2007	1321.2	1399.98	2796.87	43.56	2.77	2.36	1033.10
2006	1295.7	617.84	1296.20	19.59	1.22	1.05	474.95
2005	1001.2	619.19	1407.59	20.13	1.23	1.06	498.17
2004	937.7	466.37	1118.47	15.76	0.94	0.82	396.82
2003	10024.2	328.58	829.34	11.20	0.34	0.58	293.91

数据来源：土地投入依据2004—2022年《绿色食品统计年报》汇总测算得出；劳动力投入、机械投入、化肥投入、农药投入、灌溉投入依据2004—2022年《中国统计年鉴》汇总测算得出；农膜投入依据2004－2022年《中国农村统计年鉴》汇总测算得出。

2. 产出指标

绿色粮食产出包含绿色粮食产值和非绿色生态产出两个二级产出指标。其中，绿色粮食总产值为当年绿色粮食实际产出，也是种植绿色粮食为农户、国家带来的合意收益，因此选用绿色粮食产值作为绿色产出指标。此外，绿色农产品价格一般比普通农产品价格高20%（毛褚强，2023），本书以价格浮动比例为依据进行核算。

非绿色生态产出为绿色粮食生产的负面产出，化肥、农药、农膜等的使用在促进农户增收的同时，也为土壤、水源甚至空气质量带来了不可磨灭的损害。IPCC认为可以用农业的碳排放量代表农业的非合意生态破坏，因为碳排放可以衡量农业中各种污染，且不包含氮、磷等各类营养物质，量化程度更为科学具体，这种方法被许多学者接受使用且已经取得进展性成果（李欠男、李谷成、高雪等，2019）。依据全碳分析原理，本书碳排放量计算公式为：

$$y^b = \sum y^b_{it} = \sum m_{it} \times \mu_{it} \qquad (2.2)$$

方程（2.2）中，y^b：绿色粮食碳排放总量，y^b_{it}：第 t 年第 i 种碳源排放量，μ_i：第 i 种碳源碳排放系数，其中化肥碳排放系数取 0.8956 千克/千克，农药碳排放系数取 4.934 1 千克/千克，农膜碳排放系数 5.18 千克/千克，农业灌溉取 26.48 千克/公顷（段华平、刘德进、杨国红等，2009），最终计算汇总结果如表 2−4 所示。

表 2−4 绿色粮食生产效率产出指标数据

年份	绿色粮食产值（亿元）	绿色粮食碳排放（万吨）
2021	3976.63	215.65
2020	3607.65	216.81
2019	3298.74	220.79
2018	3040.63	228.10
2017	2865.33	236.25
2016	2994.14	264.04
2015	2830.12	257.85
2014	2580.49	244.77
2013	1916.31	189.23
2012	1873.37	198.28
2011	1525.00	175.06
2010	1212.41	151.67
2009	965.50	140.17
2008	790.27	120.56
2007	536.19	90.05
2006	219.91	40.32
2005	213.07	41.28
2004	158.54	32.11
2003	97.10	22.85

数据来源：根据 2004—2022 年《绿色食品统计年报》数据测算得出。

（二）结果测算

在效率测算过程中，本书运用 Matlab-2022b 软件进行 SBM-Undesirable 效率运算，由数据可以看出，2003—2021 年技术效率与规模效率持续递增，而纯技术效率呈先下降后递增趋势，最终结果如表 2 - 5 所示。

表 2 - 5　　　　　　　　　2003—2017 年绿色粮食生产效率测算

年份	技术效率	纯技术效率	规模效率
2003	0.170	1.000	0.170
2004	0.184	1.000	0.184
2005	0.193	0.772	0.250
2006	0.206	0.795	0.259
2007	0.232	0.490	0.473
2008	0.258	0.446	0.578
2009	0.273	0.428	0.638
2010	0.329	0.484	0.680
2011	0.370	0.505	0.732
2012	0.414	0.531	0.780
2013	0.451	0.572	0.787
2014	0.471	0.534	0.882
2015	0.508	0.569	0.894
2016	0.553	0.611	0.905
2017	0.587	0.658	0.892
2018	0.646	0.707	0.914
2019	0.743	0.792	0.937
2020	0.857	0.888	0.966
2021	1.000	1.000	1.000

数据来源：运用 Matlab—2022b 测算得出。

技术效率是纯技术效率和规模效率的综合，技术效率 = 纯技术效率×效率，三者后期发展拟合性较高，技术效率的上升趋势体现了绿色粮食管理、创新、规模等方面的综合生产效率整体上不断提升，因此选用技术效率作为本书的因变量，更有代表性也更具现实意义。由

图 2 - 2 可知，2003—2021 年纯技术效率出现先下降后上升的趋势，但是规模效率逐年上升，进而技术效率稳步上升。

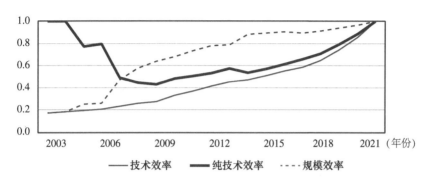

图 2 - 2　2003—2021 年绿色粮食生产效率趋势

四　我国绿色农业发展问题分析

上述数据可以看出，绿色农业发展迅速，适应社会需求，具有良好的生命力（朱俊峰、邓远远，2022），取得了较好成绩，并且创造出优异的物质基础和诸多的有利条件。绿色农业经济在我国国民经济中的重要性日渐被各方认同。但是我国的绿色农业发展仍然面临严峻的发展问题和挑战（Chukwujekwu A. Obianefo、Ogonna O. Osuafor、John N. Ng'ombe et al.，2021）。

（一）发展机制不健全

近几年，国家建立了农业发展专项基金，并对其进行了严格的管理，使其真正用于农业发展，起到了引导、支持的作用。然而，在提升科技研发水平，加大绿色农业的宣传与推广（朱俊峰、邓远远，2022），改善农业基础设施条件，促进农产品市场流通，保护天然的农业资源环境等方面，还存在着很大的进步空间。缺乏资金的支持，制约着我国绿色农业的发展。此外，绿色农业科技支撑能力较低，农业科技服务体系与实际情况之间存在着严重的脱节，我国的农业科技服务系统还存在一系列的问题，如人员老化、机制僵化、不能适应市场的需求、新型的社会服务机构尚未成熟等。

无论是个人还是企业，都以获取预期利益为优先前提。个人很难自主参与到短期经济效益差的绿色农业建设中，企业也难以放弃本身固有的生产与发展方式，去发展绿色农业。在这种情况下，政府的支持与引导体系是非常关键的（李周，2023），能够充分地调动农户与农户对发展绿色农业的热情。

但目前，我国缺乏相应的引导机制，没有翔实的机制来支持和引导绿色农业的发展（楚德江，2022），导致农业生产者缺乏对绿色农业的认识（V. Ratna Reddy、T. Chiranjeevi、Geoff Syme，2020），参与的积极性不高，致使绿色农业的全面发展较为缓慢。近年来，我国财政支农投入不断增加，但是相对来说，仍然很低，在2019年仅占财政支出的9.57%，占农业总产值的18.04%。同时，我国的农业补贴体系尚未向绿色生态的方向转变，对农业的绿色发展、农业的资源环境保护的引导作用明显不足。

（二）区域间发展不平衡

经过一段时间的探索，我国农业绿色生产发展取得了显著成效，但是，由于受到经济发展水平、农业技术条件、产业结构调整速度以及经济发展惯性等因素的限制，有相当多的地区对农业绿色生产的认识还不够深刻，近半数省份的绿色农业发展水平总体较低，绿色农业发展状况不乐观；从区域经济发展的空间格局上看，我国绿色农业发展水平在东、中、西、东北部呈现出递减的"阶梯状"特征（吕明、黄宜、陈蕊，2022）。并且绿色农业发展水平与经济发展的整体水平关系密切（李大垒、陆迁、高建中，2023），东部地区经济相对发达，各省市财政对于绿色农业发展的支持力度大，导致位于我国东部地区绿色农业生产水平最高，2021年东部地区，获证单位总数为9290家，获证产品数为18652个，占全国1/3以上。在全国范围内，黑龙江省的绿色食品生产企业及产品数量位居全国前列。而我国30个地区中，大多数农业绿色发展情况堪忧，特别是东北部、中部和南部沿海地区均表现出长期的失衡状态，农业经济发展与资源环境约束的两难状态有待进一步改善；东北部和东南沿海地区农业绿色发展逐渐恶化，中部地区状态差异明显，并未出现"模仿效应"，西部地区表现良好，绿色农业发展区域逐渐扩大（涂正革、甘天琦，2019）。

（三）农业生产者素质较低

我国农业生产基本是以小农户家庭生产为主的个人经营（万凌霄、关佳晨、严明杰，2023），农业生产者文化素质普遍偏低（罗明忠，2023），小农思想严重，对短期的经济利益十分看重（罗明忠，2023），缺乏对绿色农业发展前景与价值的深刻认识（V. Ratna Reddy、T. Chiranjeevi、Geoff Syme，2020），这种保守、陈旧的观念在很大程度上阻止了绿色农业技术的推广与发展。所以要加强文化与思想的教育与渗透，促进转变观念，提高农业生产者对绿色农业和生态环境的认识，规范农业生产者的生产行为（宋珍妮、冯慧，2022），加大技术培训的时间与力度，增强农业生产者的生产水平（刘连馥，2013），实现对常规农业的变革。

虽然我国政府对此十分重视，但是在运行过程中，下级个别政府、领导和负责人并没有给予足够关注，追求一时的轰动效果，对绿色农业的发展与推广支持力度不足（任晓刚、李冠楠、王锐，2022）。农业生产者甚至并不了解绿色农业的生产技术与生产意义，对于前景更是没有清晰的认识。这就出现了政府积极号召，而农业生产者反应平平的现象。农业绿色生产观念的形成、绿色生产技术运用以及方式的最终实现都离不开农业人力资本的支持。但是，随着我国农业劳动力的老龄化与兼业化趋势加剧（邹杰玲、董政祎等，2018），农业人力资本逐渐被削减和弱化，从而制约了我国绿色农业生产的发展。

（四）农业生态资源环境破坏严重

人类活动极大地破坏了植被，导致生物多样性面临挑战，人与自然的矛盾已成为一个世界性的问题。当前，生态环境恶化的趋势还没有得到根本遏制，资源利用率还比较低，农业污染和浪费十分严重。从农业绿色生产效率测算看，纯技术效率反映的是管理、创新纬度的效率表现，在绿色农业发展初期，随着大量农民的加入，整体的创新、管理水平下降，而经历一段时间发展，纯技术效率在2011年以后不断攀升，证明了随着国家的引领、技术的进步、管理经验的积累，纯技术效率不断提升，至 2018 年已经到达较高水平。但是我国虽然实行了农业低碳发展战略，但是在践行过程中仍然存在许多问题，比如，我国农业化肥、农药使用量大、化肥与农药利用率低、农业废弃物回收率仅为 20%—30%、农田灌溉水有效利用系数只有0.45，与发达国家 0.7—0.8 相差甚远（王波、何军、车璐璐，2023；宋常迎、郑少锋、于重阳，2023）。农业的污水灌溉、农药和化肥过量使用等一切问题，都对土地造成不可逆转的危害，对水体、大气、农产品损害巨大，严重影响了农业的综合效益和长远发展，降低了我国农产品在全球的竞争力（罗明忠，2023），增加了农产品的成本，导致农业绿色生产效率较低，同时降低了农业生产者的收益。绿色农业依托在整个生态环境下，自然资源大幅度遭到破坏，在很大程度上制约绿色农业的发展（Xianliang Wang、Xiangcai Zhang、Xiaona Lin，2020）。

（五）绿色农业生产成本高

对现有农业来讲，因其模式、技术成熟，容易建立起标准化生产，累积了相当多的经验，因而成本较低（Alexandros Zervopoulos、Athanasios Tsipis、Aikaterini Georgia Alvanou，2020）。但对于绿色农业来说，需要改变原有生产习惯、采用新技术、投入新的管理方法，必然造成成本的增加。

绿色农业在生产过程中，改良土壤活性，有机肥的施用颇为有效，但是过渡周期较长，资金消耗较大，自然风险加剧。抗风险能力不足。并且绿色农业为改善生态环境，减少化学品的使用，需要实行全程监控（于孝建、万梦玥、梁柏淇等，2022），因此绿色农业生产在投入品的使用、科技的投入、人工的投入等方面有苛刻的规定，比常规农业成本高（马红坤、曹原，2023）。在绿色农业转换期，农产品产量很难与使用了大量化学药剂的常规农业相比（金欣鹏、柏兆海、马林，2023）。

由于现在食品安全问题不断涌现，人们对于食品安全缺乏信心。

信息不对称，加上绿色农业市场供求信息共享程度低（Li Chen，2019），在食品购买过程中，绿色食品认证的标识和机构会影响消费者的购买行为（王建华、钭露露，2022），消费者对食品等级的认识存在严重信息不足，无法形成购买意愿（Giacomo Zanello、C. S. Srinivasan、Fiorella Picchioni et al.，2020）。因此农业生产者为尽快销售，不得不将绿色食品降价出售，在某些方面又导致了成本的相对增高（Anurag Malik、Virender S. Mor、Jayanti Tokas，2021）。

综上所述，面对我国绿色农业发展的诸多问题，不能期待可以用单一的办法来解决。在以往研究中，有学者提出建立财政补贴、技术创新（楚德江，2021）等机制来解决问题。但是任何一方面问题的制约都将影响绿色农业的发展。因此若想绿色农业快速发展，必须同时从多角度入手。解决这些问题的最好办法就是建立合理的、科学的、有前瞻性的绿色农业发展机制（Hari Dahal、Madhav Karki、Tamara Jackson et al.，2020）。

第二节　绿色农业发展机制框架设计

产业的发展是产业资源共同作用的结果。从我国绿色农业发展现状，可以看出，我国绿色农业发展仍面临更大的压力。目前，我国绿色农业仍面临投入成本高、生产效率低（Doaa Hussein Mahmoud、Alhussein Khalil Elnoby，2022）、生产者素质低（罗明忠，2023）、生态资源环境破坏严重、销售价格高、缺乏市场竞争力（陈诗波、王晓莉，2023）、区域发展不平衡、市场持续发展能力差（吕明、黄宜、陈蕊，2022）、监管制度体系不够完善、绿色农产品结构性失衡等经济挑战（Ariana P. Torres、Alicra L. Rihn、Susan S. Barton et al.，2021；闻卉、许明辉、陶建平，2020）。而品牌的信誉度逐渐减弱（葛立群、利爽、刘铮，2023）、大规模发展前景依然不乐观。各级政府的政策导向和资金扶持虽有很大倾向，但是具体实施又面临难以明确的困境。因此和研究常规农业发展的方法一样，为促进绿色农业的发展，依据生态农业理论和机制设计理论构建绿色农业发展机制也将作为本书的研究重点。

一 绿色农业发展机制框架构建依据

绿色农业是在生态经济学原理和系统工程原理的基础上，通过不同子系统的内部循环和相互循环实现绿色农业的生态系统、经济系统和技术系统的全面综合（Junhu Ruan、Yuxuan Wang、Felix Tung Sun Chan et al.，2019）。由于绿色农业是遵循环境友好、资源持续高效利用、低污染原则的多元化农业模式（冯小，2018），因此绿色农业同时具有常规农业的一般性和特殊性。一般性指绿色农业生产与常规农业生产一样，生产活动受到土地、自然条件和国家政策等多方面的影响（Hari Dahal、Madhav Karki、Tamara Jackson et al.，2020）。常规农业的制约和促进因素在绝大多数上也同样制约和促进绿色农业的发展。而特殊性是指绿色农业较常规农业具有更多的属性，因此在我国现阶段绿色农业模式与常规农业模式并存的过程中，现有农业机制将无法满足绿色农业的特殊需求，因此需要针对绿色农业进行机制构建，理论依据如下。

（一）幼稚产业理论

根据幼稚产业理论，幼稚产业一般具有如下特征：该产业属于未发展成熟的新兴产业、对国家和社会产生外部效应、该产业在现阶段缺乏推动其发展的资金实力，因此需要政府对幼稚产业的政策倾向和资金扶持。

绿色农业是保证生态安全、物种多样性的可持续农业，它提供安全的产品和恢复、维持生态的服务。绿色农业的成本一部分为直接生产成本，一部分为改善生态环境和提高农产品质量额外花费的成本，而收益不仅包括农业生产者的产品收益，还包括生态环境改善所带来的生态收益和社会收益。因此绿色农业不仅对农业生产者有益，同时对全社会都会产生外部作用。绿色农业是现代农业的主导模式，提供健康的绿色农产品，产品竞争力强，有利于促进农业生产者提高经济效益。同时绿色农业改善生态环境，促进区域生态安全，促进生态文明建设，具有客观的生态效益。在实现经济效益和生态效益的同时，绿色农业推进农村建设，促进农业现代化的实现，促进全面绿色发展，推进美丽中国建设。绿色农业的发展将促进经济效益、生态效益和社会效益的综合效益的实现。

（二）公共产品理论

根据公共产品理论，外部性是公共物品最突出的经济学特征。经济生活中外部效应是经常发生的，它们的存在对资源配置产生极大影响，一个人（或企业、产业）采取的行动能够增进社会福利，而他自己却不能因此得到相应的收益。那么一个人、一个企业或一个产业就不会经常采取这种行动以达到从社会角度的合适程度（杨久栋、郭芸芸，2022）。绿色农业外部性的明显存在，使绿色农业生产者成为外部性的埋单者。在产生社会效益和生态效益的同时，给农业生产者带来了成本的增加和产量的降低（Solomon Yokamo、Xiaoqiang Jiao、Kanomanyanga Jasper et al.，2022），由于农业生产者的生产分散，成本转嫁困难，因此绿色农业生产者将背负更大的经济压力。绿色农业生产过程，实际是不断提供公共产品的过程。不论在优质产品的生产还是对生态环境保护的服务上，都具有公共产品的特征。

由于外部性存在和公共物品的非排他性，导致供求自动交易的市场机制失效。而绿色农业的外部性是持续的、长远的，其在生产过程中产生的成本，很难进入交易市场，很难通过市场机制体现出来。因此，如何降低这部分成本给农业生产者带来的负担，同时又保护公共产品的持续提供，建立健全的绿色农业生态补偿机制将发挥积极的作用。

（三）经济增长理论

西方经济学家亚当·斯密在分析经济增长的问题时，提出重视效率的提高，并对影响经济增长的技术进步进行了充分地论证。技术进步一方面通过对原有产业的改造而促进经济增长，另一方面通过创造和发展新的高科技产业带动整个经济增长。科技创新是农业经济增长的重要原因，广义的科技创新包含提高技术水平、改革生产工艺、提高劳动者素质、提高管理决策水平和改善经济环境（魏剑锋、李孟娜、刘保平等，2023）。

绿色农业在提供安全、高质量的农产品的同时，对生态环境进行维护和修复（Evgenia A. Korneeva，2021）。根据经济增长理论，绿色农业发展需要依靠科技创新，随着绿色科技的不断成熟，产品认可度的不断提高，管理手段的进步，绿色农业也将随之快速增长，将会步入一个新的发展阶段，所带来的经济效益、生态效益和社会效益将更可观。

（四）信息不对称理论

机制设计存在的根源是信息不对称。信息不对称理论是市场经济活动中，由于信息的差异性，掌握信息一方具有比较有利的地位，从而导致市场失灵。

绿色农业产业属于新兴产业，缺乏竞争优势，并且面临巨大的自然、市场、技术风险，新兴产业的相关规则、标准还不完善。同时农业生产周期长，生产过程监管困难，农产品的生产信息多数掌握在占有信息优势的生产方，在农产品交易过程中占有绝对优势，造成了产品交易过程中的信息不对称。而信息不对称的最直接问题是，极易产生产品的"柠檬效应"，以次充好，导致市场失灵。

因此通过机制设计，可以使绿色农业生产者愿意显现自己的个人信息（Hari Dahal、Madhav Karki、Tamara Jackson et al.，2020），改善市场秩序，保障绿色农业健康发展。

（五）风险管理理论

根据风险管理理论可知，风险管理力求把风险导致的各种不利后果减少到最低程度。绿色农业具有农业的一般性和特殊性，绿色农业的一般性使绿色农业依然无法改变"靠天吃饭"的自然属性，绿色农业受到土壤、水利、气候等自然条件的制约（储霞玲、黄修杰、姚飞等，2020），同时也受到干旱、洪涝、异常天气等自然灾害影响，面临巨大的自然风险。同时绿色农业的特殊性体现在绿色农业还将面临更大的生态风险，绿色农业生产的基本条件是良好的生态环境，绿色农业与生态环境之间相互依托。良好的生态环境是绿色农业生产的基础，同时绿色农业对生态环境的呵护、改良起着重要作用。因此绿色农业比常规农业面临着对生态环境更大的依赖性（Xianliang Wang、Xiangcai Zhang、Xiaona Lin，2020）。

绿色农业产业发展需要农业科技来支撑，在生产过程中需要不断尝试新技术、引进新品种、采用新的管理办法。但是绿色农业技术的实验周期长，科技资源一次性投入大，科研产出缓慢，有时甚至形成无法转移的沉淀成本。而新品种的使用，也很难立竿见影，绿色农业面临巨大的技术风险。绿色农业生产在资金和人力的投入上都比常规农业高很多，为了获得合理收益，必须对绿色农产品市场进行清晰估计。然而绿色农产品的市场存在很多不确定性因素（Giulia Atzori、Catello Pane、Massimo Zaccardelli et al.，2021）。农产品市场基本属于完全竞争市场类型，市场准入条件低，竞争激烈，收益小，而绿色农产品市场还没有形成，仍需与普通农产品参与市场竞争。同时由于农产品品质差异难以区分，绿色农业产品价格优势难以形成，收益风险明显存在。这些都成为绿色农业发展的巨大压力。依据风险管理理论，分化绿色农业的风险、稳定绿色农业生产、缓解灾害对农业生产者造成的损失，将有利于新技术的应用，平稳促进绿色农业产业化发展。

（六）福利经济学理论

根据庇古的福利经济学思想，国民收入总量增加和国民收入均等化都会使社会福利水平增加。福利经济学强调提升国民收入是经济福利增加的必要条件。

绿色农业生产模式是改善生态环境的主要手段，从事绿色农业生产比常规农业要求更高，生产也会花费更多的成本（Doaa Hussein Mahmoud、Alhussein Khalil Elnoby，2022）。高额的生产改造投入、科技投入和管理投入背后，绿色农业为社会提供了安全的食品、良好的生态环境和绿色的消费理念。成本的投入者是农业生产者，而享用者却无须花费成本。从投入产出的获利来看，农业生产者所获得的私人利益并不可观，而社会利益巨大，不仅有利于当代，而且影响后世。而绿色农业现阶段具有成本高、产量低（M. H. I. Mohamed、S. A. Tayel、H. A. Abdel Mawla、A. K. Zaalouk，2021）、收益前景模糊、产品市场认知度低等缺点，因此绿色农业生产者在提供了安全的食品时，却无法获得与常规农业生产经营者同样的或更高的利润，致使整个社会出现分配不公的状况。依据福利经济学理论，对社会资源的再分配，将促进社会公平，提高社会整体福利水平。

综上所述，针对绿色农业的幼稚产业、提供公共产品、风险大的特征，以及追求收入公平、解决信息不对称等问题，均呼吁政府扮演重要角色，对绿色农业发展给予政策上的保护和支持（Wang Wei、Zhang Chongmei、Song Jiahao、Xu Dingde，2021）。构建绿色农业科技创新机制符合经济增长要求，是提高绿色农业生产率的重要保障；绿色农业补偿机制的构建符合幼稚产业理论的保护办法，也是被多个产业证明行之有效的手段；面对绿色农业的巨大风险，绿色农业保险机制将有效化解风险，保障农业生产者的合理收益；新产业的问世，产业标准和法律还不够完善，同时面临政府对绿色农业的大力扶持，必然吸引不法分子的乘虚而入，扰乱市场秩序，因此构建绿色农业信用机制，制定合理的标准体系，健全市场监管制度（Laurence E. D. Smith，2020），将促进绿色农业健康发展。

因此，构建集绿色农业科技创新机制、补偿机制、保险机制和信用机制为一体的绿色农业发展机制，加强政府在产品标准化方面的管理，进而影响产业结构的演进，形成政府宏观管理及产业政策导向、产业政策创新、组织创新、技术创新对有机农业结构演进起到重要的推动作用（Wang Wei、Zhang Chongmei、Song Jiahao、Xu Dingde，2021）。构建绿色农业发展机制，完善现有政策，促进绿色农业发展，是当务之急。

二　绿色农业发展机制模型框架

遵循绿色农业发展机制的原则，依据我国绿色农业发展实际，拟建立对绿色农业起到积极、高效的作用的绿色农业科技创新机制、补偿机制、保险机制和信用机制。

（一）绿色农业科技创新机制

农业科技是农业发展的重要驱动力。农业发展的根本是依靠科技进步提高农业的资源利用率、劳动生产率和投入产出率。农业科技投入对未来粮食安全是必不可少的（Haoming Chen、Xianfeng Du、Mengqi Lai et al.，2021）。科技投入对生产率的正向作用早在新古典经济学期间就已经被学者关注。在促进农业可持续发展的进程中，农业科技还将起到推动产业发展的助推器作用。但是，绿色农业科技创新与常规农业的科技创新有所不同，绿色农业科技创新要受到农业一般性与绿色农业特殊性的综合影响。因此，绿色农业科技创新具有公共产品、不确定性、区域性的特点。

首先，绿色农业科技创新比常规农业科技创新具有更大的外部性，是典型的公共产品。由于公共产品的非排他性和非竞争性，绿色农业技术一旦产生，一些农业生产者对某种技术的采用不会限制其他农业生产者对该技术的采用，绿色农业科技创新的成果由于转化为绿色农业产出，收益是可观的。因此公共产品的外部效应的产生将会降低科技成果的经济收益。同时绿色农业科技创新成果的"溢出性"比较强，导致创新成果的知识产权难以得到保障。因此绿色农业科技创新成果的公共产品属性意味着该成果的市场供给不足，其效益无法得到充分发挥，造成市场失灵。

其次，绿色农业科技创新具有更大的不确定性和风险性（Sabrina Hempel、Christoph Menz、Severino Pinto et al.，2019）。绿色农业是一种"高产、高质、高效"的先进农业生产方式。绿色农业技术是高新技术，标准高、综合性强，绿色农业科技创新的风险主要体现在技术风险、市场风险和生态风险上。绿色农业科技创新的技术风险体现在科技含量高，需要投入的资金大，而研发周期长，市场接受慢，转化率低，转化时间长；绿色农业科技创新的市场风险体现在绿色农产品生产周期长，收益的形成具有滞后性，同时受到绿色农产品的市场信用程度影响，绿色农产品的市场价格难以保证，绿色农业技术容易被模仿，新技术的采用难以获得预期的收益；绿色农业科技创新的生态风险体现在，科技创新需要与良好的生态环境紧密联系，而自然环境的多样性、复杂性使绿色农业科技创新的研发周期更长，技术扩散更慢，未来收益更难预测。同时，由于绿色农业是幼稚产业，产业规模小，生产分散，因此绿色农业科技创新需求小，推广范围窄，研发动力弱，与我国农业科技创新的供给能力不匹配，导致绿色农业科技创新规模小，很难大规模地扩散与推广，未来收益的不确定性增强。

最后，绿色农业科技创新具有更为突出的区域性。绿色农业生产强调选择地域的优势项目进行生产，而我国区域间由于地质、气候、土壤等不同，导致农作物在不同地区存在很大差异。而绿色农业科技创新需要针对不同区域、不同物种进行研发。各地区农业生产者的技术接受能力也不同，因此绿色农业科技创新从研发、推广到服务，受区域环境的影响和制约较大，使用范围受局限，通用性较差。

因此，绿色农业比常规农业更需要依靠农业技术来改善生态环境，实现土地环境修复，恢复土地生产力（Jonathan Harwood，2021），建立完善安全的农业生产环境，完成农业生态工程，解决基础环境要求。同时需要无公害农药使用技术、病虫害防治技术、栽培技术、农业废弃物处理技术、合理的肥料施用技术等来满足生产技术要求（王俊芹、苑甜甜，2023）。同时需要不断开展农业科技创新，来提高绿色农业的产量和质量。因此科技投入对绿色农业发展至关重要，是绿色农业发展的必要条件和实现手段，是绿色农业发展的有力保障（金书秦、张哲晰、胡钰等，2023）。

（二）绿色农业补偿机制

农业生产是全世界的大事。而农业生产的环境复杂，生产周期长，不确定因素多，比较效率低，难以与其他产业获得等同的竞争优势和获得公平收益（Qiang Zhang，2020）。而且我国农业基础薄弱，长期支持工业生产导致的农业自我投入不足，农业生产者稳定增收困难，难以获得满意的、公平的生活水平，农业的可持续发展阻力较大。据此，国内外学者做了大量研究，并通过对多国农业补偿的实际效果论证，得出补偿机制是解决上述问题的良方（Siyuan Cui、Guangqiao Cao、Xinkai Zhu，2021）的结论。

绿色农业的开展以优质的生态环境为基础，而生态环境的治理是一个持续的漫长的生态工程。生态工程的治理一方面需要国家对生态环境的全局把控和治理，另一方面需要农业生产者对生态环境的修复和维护（Diallo Mountakha、Ndir Khadidiatou、Diop Amadou M. et al.，2020）。因此农业生产者在开展绿色农业生产时，对生态环境的投入巨大，而巨大的前期投入是绿色农业与常规农业生产之间产生竞争劣势的直接原因（Julius Akolawole Bamidele、Adewumi Babatunde Idowu、Kehinde Ademolu et al.，2021）。同时绿色农业所带来的良好生态环境，具备公共产品特征（François Bareille、Matteo Zavalloni，2020），将直接为社会产生良好的生态价值，然而生态价值的经济转化却非常困难和难以衡量。

绿色农业以生产优质的绿色食品为最终产品和最终实现价值的经济体现，然而绿色农业的高规格生产要求和严格的生产条件（Martina Zámková、Stanislav Rojík、Ladislav Pilař et al.，2021），均需要转化为高额的销售价格，然而在肉眼识别困难的前提下，价格的差别就会造成绿色农业产品竞争优势锐减（Apri Wahyudi、John K. M. Kuwornu、Endro Gunawan et al.，2019），损失市场份额。

绿色农业补偿机制的完善，将分化高额的成本和利于生态价值的经济转化，调节绿色农业在投入和收益上的失衡（Clarisse Mendoza Gonzalvo、Wilson Jr. Florendo Aala、Keshav Lall Maharjan，2021），有利于资源向绿色农业的转移，有利于提高了农业生产者的收入，有利于绿色农业生产模式的推广，有利于绿色农业产品与常规农业产品达到同样的竞争效果，实现公平的竞争（Samuel Njuguna Ndirangu、Wilson A. Oyange, 2019), 最终实现绿色农业生产模式逐渐代替常规农业模式, 实现绿色农业的长足发展。

（三）绿色农业保险机制

由于农业生产周期长, 自然灾害对农业的影响较其他产业存在更大的风险, 同时由于农业生产与销售时滞的存在, 人们往往会根据前一期产品价格和对市场的供需, 做出未来价格的预测, 导致农产品市场波动长期存在, 市场风险较高。农业是一个自然风险和市场风险高度交织的产业（邵全权、刘宇, 2023）, 因此稳定生产、稳定农业生产者收入是任何国家都面临的重大问题。然而最理想的情况是："生产遭灾而收入不变或增加。" 遵循这一思路, 很多学者对出现过的现象, 分析原因, 并得出近乎相同结论, 即农业保险的完善在其中起着决定作用（Eric M. Ojala, 2021; 邵全权、刘宇, 2023）。

不确定性是农业的一个重要特征: 不可预测的因素如天气影响, 疾病和害虫损害可对农场产生巨大影响输出。农业市场也可能不稳定, 产生巨大的价格可能难以预料的波动（Eric M. Ojala, 2021）。而绿色农业较常规农业面临更为多样、更为复杂的风险。绿色农业从生产环节的开始到销售环节的结束, 风险将一直伴随。除自然风险外, 由于绿色农业生产的基本要求和发展的初级阶段, 其将不可避免地会遇到更大的技术风险、新品种使用风险、市场认可风险、收入风险等。在市场经济条件下, 众多风险和不确定性的影响下, 资源配置趋利效应的作用下, 农业生产者将倾向选择利润相对高、风险相对低的常规农业。这导致绿色农业生产的开展和持续受到极大的制约, 因此完善绿色农业保险机制将有利于化解风险, 降低不确定性, 保障农业生产者的收入, 促进转变生产模式的信心和决心, 更好地促进绿色农业的全面发展。

（四）绿色农业信用机制

从消费者对食品安全的风险角度和对环境保护的意识上, 选择绿色农产品是明智之举。但是由于农产品品质的难识别性和人们辨识能力的缺乏, 无法轻易区分绿色农产品和普通农产品, 致使绿色农产品的价值无法很好地显现。究其原因，信息不对称造成了消费者很难完全或部分获知相关信息。这极易导致市场失灵，从而出现更为扭曲的"柠檬效应"问题（许梦博、陈楠楠，2021）。相应生产标准低、认证体系不规范、信用体系缺失的影响亦不容忽视（Baojing Gu、Hans J. M. van Grinsven、Shu Kee Lam，2021）。

　　建立完善的绿色农业信用机制，有利于提高市场准入标准和生产标准；建立完善的认证体系，加强产品认证（Elena Domínguez，2019），有利于建立完善的监管机制，利用严格的法律法规来规范生产。认证是消费者区别普通产品和认证产品最直接的依据，是产品企业和生产者生产的依据（F. Altobelli、A. Monteleone、O. Cimino et al.，2019），也是监督管理部门进行监督检查的依据，是我国产品质量的标志。在产品需求的日益增长的带动下，绿色食品认证已经在全球范围内迅速增长；建立严格的监管机制（宋珍妮、冯慧，2022），提高不合格产品的欺骗成本，降低造假概率，减少欺骗行为，降低柠檬效应所带来的影响（韩一军，2020），提高绿色农产品认证的公信力，保护消费者的消费信心，保护绿色食品市场，保障绿色农业健康发展；有利于提高消费者对绿色农产品的信任度和认可度（Lee Choon-Soo、Yang Hun-Min，2021），有利于绿色农产品的价格溢价，增加经济收益有利于提高绿色农产品的国际知名度。农业发达国家在保护国外农产品市场中，经常依靠技术标识、环境标识（Komal Surawase、Akash Kamble、Pranav Mhetre，2020），对产品实行贸易壁垒，大大削减了我国农产品出口的竞争力。因此在国内建立高标准的绿色农产品信用机制，可以促进绿色农产品的健康发展，增加绿色农产品的国际竞争力。

　　综上所述，绿色农业发展机制的构建需要满足绿色农业发展要求。依据产业发展理论、生态农业理论和机制设计理论，科学构建发展机制是一个系统的制度设计问题，强调机制之间的逻辑联系。因此需要考虑绿色农业的属性特征、结合我国国情、着重考虑绿色农业发展问题、以政府诱导和扶持为导向构建机制体系，机制以促进绿色农业发展，提高绿色农业生产率，出于这些方面的思考，本书构建了以绿色农业补偿机制为基础，涵盖绿色农业科技创新机制、绿色农业保险机制和绿色农业信用机制的绿色农业发展机制，机制框架如图 2 - 1 所示。

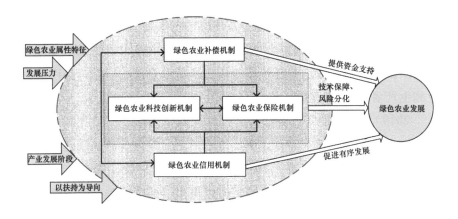

图 2 - 1　绿色农业发展机制框架

（五）机制间相互作用关系

本书以幼稚产业理论、生态农业理论和机制设计理论为基础，从科技、保险、补偿、信用四个维度构建绿色农业发展机制，试图解决绿色农业的主要问题。这四个机制是相互独立的，但是机制间存在着彼此联系、相互促进的作用关系。

绿色农业科技创新机制试图解决绿色农业发展的技术瓶颈，有效解决绿色农业成本高、生产率低等问题，提供技术创新支持。同时绿色农业科技创新，能降低绿色农业风险，降低绿色农业保险和补偿的依赖性，并不断创新，为促进绿色农业健康发展，提供科技监管的手段，因此绿色农业科技创新机制是绿色农业发展的保障机制。

绿色农业补偿机制试图解决绿色农业的成本高、外部性问题，促进收入公平，为绿色农业在提供产品和服务时给予补偿。同时绿色农业补偿机制可为绿色农业技术创新的研发、技术推广等环节提供资金支持；为绿色农业保费提供资金支持，分化绿色农业风险；补偿信用机制中认证环节成本，提供监管资金，加大监管力度，因此绿色农业补偿机制是绿色农业发展的基础机制。

绿色农业保险机制可以实现绿色农业风险的有效化解。由于绿色农业这一新兴产业，面临着自然、市场和技术的多重风险，而社会通用的化解风险的办法是保险机制。绿色农业保险机制的有效性，将有利于分化科技带来的风险，推动绿色农业科技创新，有利于保障绿色农业者的合理收益，缓解政府补偿压力，同时降低市场监管风险，因此绿色农业保险机制是绿色农业发展的保障机制。

绿色农业信用机制是针对幼稚产业，产品与标准体系均不成熟，易出现"柠檬效应"而构建的。由于绿色农业的社会补偿的存在，未来收益较大，市场易出现假冒伪劣商品，扰乱市场秩序，导致市场失灵，浪费社会资源。同时绿色信用机制对绿色农业进行保护，严格的认证机制将为绿色农业的补偿机制和保险机制提供依据。因此信用机制对促进科技进步，促进绿色农业标准体系的构建，降低绿色农产品的市场风险，降低绿色农业保险压力，引导和高效利用政府补偿资金有积极的作用，因此绿色农业信用机制是绿色农业发展的实现机制。

综上所述，构建健全的绿色农业发展机制，将促进绿色农业快速发展。其中，绿色农业科技创新机制将提高绿色农业的生产效率，绿色农业补偿机制为产业初期提供资金支持，绿色农业保险机制降低绿色农业风险，绿色农业信用机制保障市场正常运行，同时绿色农业发展机制的四个方面是彼此联系，又独立作用的子系统，对保护新兴产业，解决外部性，推动绿色农业的发展具有重要的意义。当然，仅从四个方面构建绿色农业发展机制还有一定的局限，但随着产业的不断发展，相应问题不断暴露，相应机制的研究会陆续被关注。

第三章　绿色农业科技创新机制及效应研究

　　绿色农业生产赖以依靠的生产要素发生着巨大的变化，农业资源面临着巨大危机。我国人均耕地 1.43 亩，不到世界平均水平的 40%；水资源的日益缺乏和日益加重的污染，造成灌溉用水紧张。生态环境污染和生态资源的破坏，这些都制约着绿色农业的发展（Jieru Yu、Samuel Adingo、Xuelu Liu et al.，2022）。绿色农业作为现代农业的主导模式，需要利用科技成果，依靠科技水平提高生产能力，运用科学技术来提高资源的利用率和生产效率，同时制定标准化生产流程，达到高效生产，满足农产品的数量和质量要求，对生态环境进行改善和修复。因此建立和完善绿色农业的科技创新机制，可以为绿色农业生产提供良好的技术支持和保障，提高绿色农业生产率，实现绿色农业综合效益和绿色农业经济的持续发展（肖卫东、杜志雄，2021）。本书将沿着国际前沿的研究思路和研究方法，构建科学合理的绿色农业科技创新机制，在绿色农业科技创新对绿色农业发展水平的长期和生产效率的效应方面进行分析，并提出相应的建议。

第一节　绿色农业科技创新机制分析

　　绿色农业是我国现代农业的主导模式，发展绿色农业既是经济问题，又是政治问题。在飞速发展的今天，科技创新已成为经济发展的源泉和强大动力。我国绿色农业规模较小，生产投入品要求严格，产量比常规农业低，而固定成本的显著增加，导致了绿色农业科技生产率比常规农业的科技生产率低。同时我国和发达国家相比，成果产出水平、科技贡献率等都处于较低水平（丰延东、佘茂艳、陈劲，2020），因此构建绿色农业科技创新机制，将有效解决绿色农业发展中的问题。

一　绿色农业科技创新机制的功能

绿色农业科技创新的功能是通过科技创新提高绿色农业技术水平，降低生产风险，提高生产率，降低生产成本，提高科技贡献率，从而使绿色农业具有高效的生产能力，实现绿色农业的综合效益。绿色农业科技创新过程复杂、周期长、环节多、难度大、参与者多，是一个连续的系统工程。从绿色农业科技创新的主体—农业科研系统，到绿色农业科技创新的受体—绿色农业生产系统，需要经过科技创新研发、推广、转化和服务这四个主要环节来完成，因此绿色农业科技创新机制功能可以具体通过以下几个方面来实现。

（一）促进绿色农业科技创新研发

绿色农业以提供优质、安全的农产品，优质的生态环境和生物多样性为主要任务，有利于推进优势特色产业，调整农产品供需矛盾，促进农产品供给侧结构性改革。而绿色农业作为新兴产业，依然存在成本高、产量低、风险大等特点，因此绿色农业科技创新机制将加大绿色农业科技创新研发，从基础研究、应用研究上适应绿色农业发展需要，从选项、立项上，调整农业科技创新研发重点，向绿色农业倾斜，通过研发绿色农业集约化生产所需的大中型农机具，提高绿色农业集约化程度，提高绿色农业生产力；通过研发先进的技术，降低绿色农业生产成本、提高产品产量、提高产出比率、增加绿色农业生产者收入；通过对绿色农业投入大量的科技试验（隋斌、董珊珊、孟海波等，2020），采用生物技术和物理技术，在多方面进行技术创新，利用科学技术投入，减少生态风险，促进生态稳定，保持土地活力，促进水土保持，保护水资源和生物的多样性，研发优良品种，提高抗风险能力（Eusebiu Safta、Leonard Ilie，2021）；通过产品创新，提高绿色农产品的品质；通过方法创新，提高绿色农业管理水平；通过开发新资源，开发替代投入品使用技术，提高资源利用率。这样才能真正实现绿色农业的低投入、高产出、高效率的目标（Ali Mawof、Shiv Prasher、Stephane Bayen、Christopher Nzediegwu，2021），促进社会生产资源、人力资源和资金流入绿色农业生产，实现社会资源的优化。

（二）加速绿色农业科技创新推广

绿色农业科技创新对绿色农业发展的推动作用不仅取决于科技创新的研发规模，更依赖于科技创新的产出情况（芦千文、杜志雄，2023）。绿色农业科技创新的产出形式是多种多样的，而如何将农业科技新技术和管理方法传递给农业生产者（杜志雄、李家家、郭燕，2023），将科技成果转化为生产力，绿色农业科技创新推广是关键环节。绿色农业科技创新推广是采取教育、宣传、咨询等形式，采用试验、示范、培训及技术指导等方法，将绿色农业科技创新的新技术、新方法、新产品传递给绿色农业生产者，实现将科技成果转化为生产力。绿色农业科技创新机制应以实现绿色农业的效益为目标，充分考虑绿色农业的实际生产情况，重视在科技创新推广主体—农业技术人员和接收者—绿色农业生产者之间桥梁搭建，提高绿色农业科技创新成果的时效性，缩短推广时间，提高推广效率，加快农业技术推广体系改革和建设，积极探索对公益性职能与经营性服务实行分类管理的办法，鼓励各类农科教机构和社会力量参与多元化的农技推广服务，逐步建立发散型的科技推广体系。

（三）促进绿色农业科技创新成果转化

绿色农业科技成果转化和应用是提高绿色农业生产率的重要环节，也是以往农村科技发展的薄弱环节。科技成果转化的过程中一直存在着转化困难、资金铺垫过多等问题，导致绿色农业科技成果多数没有经济效应。绿色农业科技成果转化将比常规农业不确定性更大，投入更大，转化更为困难，因此绿色农业科技创新成果转化需要使科技创新的需求与科技创新的供给紧密结合，需要参与者共同组成成果转化系统，使各个主体、各环节从需求角度相互作用，实现绿色农业科技创新成果转化。绿色农业科技成果转化是实现绿色农业科技创新成果价值的途径，是绿色农业技术与绿色农业综合效益的纽带，只有绿色农业科技创新成果被绿色农业生产者采纳，将成果转化为综合效益，才能实现绿色农业科技创新成果价值，从而实现绿色农业增产、绿色农业生产者增收，促进农村发展。因此绿色农业科技创新机制将实现绿色农业科技创新成果转化，促使绿色农业科研成果和实用技术尽快应用到绿色农业生产，保障绿色农业发展。

（四）提升绿色农业科技创新服务

绿色农业科技创新服务对象是绿色农业生产者，而绿色农业生产规模小，生产分散，生产者的知识水平、技术接受能力不同，导致个体的异质性增强，服务需求多样化、差别化，增大了绿色农业科技创新服务的复杂度和难度。而我国农业科研队伍面临着拔尖人才缺乏、服务意识淡薄、服务效率低等问题，难以满足绿色农业科技创新的多元化需求。因此绿色农业科技创新机制将诱导和保障农业生产者更好地使用绿色农业科技创新成果，建设良好的绿色农业科技创新服务环境，完善绿色农业科技创新服务网络平台，通过各种形式、各种渠道与绿色农业生产者和绿色农业企业结成利益共同体，充分与绿色农业民间组织合作，发挥服务的中介作用。采取多种服务模式，聚焦服务，将绿色农业科技创新智力和价值紧密联系，提高农业科研队伍的服务意识，提高服务效率，为绿色农业生产者服务，切实落实产学研相结合的绿色农业科技创新服务体系。

综上所述，绿色农业科技创新机制的构建，将有利于促进绿色农业科技创新研发、加速绿色农业科技创新推广、促进绿色农业科技创新成果转化和提升绿色农业科技创新服务，从而实现为绿色农业提供先进的生产和管理技术，降低生产成本，提高绿色农业生产率，提高绿色农产品的竞争力，提高绿色农业综合效益的功能。

二 绿色农业科技创新机制的内涵

绿色农业科技创新机制是连接主体——农业科研系统和客体——农业生产系统的纽带，绿色农业科技创新的内涵是根据我国绿色农业发展状况，切实分析绿色农业科技创新的构成因素及相互作用机理，使绿色农业科技创新发挥持续、强大和稳定的作用。

然而，绿色农业科技创新具有公共产品、不确定性和区域性特点。针对绿色农业科技创新特点，如何使绿色农业科技创新发挥持续、强大和稳定的作用，需要切实分析绿色农业科技创新的构成因素及相互作用机理，并与我国绿色农业发展状况相结合。而绿色农业科技创新的发展涉及绿色农业发展的方方面面，影响因素众多，存在相互竞争、相互牵制等问题，因此需要营造一个有利于绿色农业科技创新发展的良好的外部环境，以最大限度地提高农业科技部门和农业各级部门、绿色农业生产者之间各种关系的协调能力。这就需要政府及各方力量的大力支持、扶持和引导，使绿色农业科技创新得到真正的普及并最终促进绿色农业的发展。其中主要因素有：政府宏观调控、市场需求引导、政府投入、资金管理、激励措施、中介合作和政府保障。

绿色农业科技创新主要因素可以分为动力因素和保障因素。绿色农业科技创新的动力是通过外界的推动，促进农业科技创新的重点向绿色农业方向倾斜；在农业科技创新环节上力度加大，提高效率；促进农业科技工作者对绿色农业科技创新的积极性，提高绿色农业生产者采用技术的积极性。绿色农业科技创新的保障，是通过外界相关因素和保障措施的完善，为绿色农业科技创新环节效率的提高提供支持和保障，降低绿色农业科技创新的不确定性和风险性。

其中，农业科研系统和绿色农业生产系统可以通过政府宏观调控，实现农业科研的方向性转变，促进农业科技创新的绿色倾斜，是农业科研系统研发的动力，也是绿色农业生产系统采纳成果的推动力。市场需求是绿色农业科技创新的另一动力，它将有利于引导农业科研系统遵循市场规律，提供有效供给。农业科研系统还可以通过资金投入导向，选择科研方向，推动绿色农业科技创新。激励措施是最实际的动力，作用效果比较直接，能提高农业科研系统和绿色农业生产系统的积极性。

资金管理对绿色农业科技创新提供重要保障，保障绿色农业科技创新资金使用的合理性和高效率。中介机构是农业科研系统与绿色农业生产系统之间重要的桥梁。发达的中介机构，将更好地衔接两者，有利于提高绿色农业科技创新效率。政策保障保护农业科研系统的知识产权，保护积极性，提供合理收益，降低绿色农业科技创新风险，为绿色农业科技创新效率的提高提供重要保障。

动力支持和保障支持两个方面也存在相互作用关系，政府宏观调控促进绿色农业科技创新市场需求的增加，实现供需平衡。资金管理是资金投入的重要补充和保障，促进资金投入的合理性和高效率。政策保障是激励措施的重要补充，中介机构的完善是政府宏观调控的补充。了解机制间的相互作用，协调相互关系，将更好地发挥绿色农业科技创新机制作用，从而提高绿色农业生产率，促进绿色农业发展。

本书根据绿色农业科技创新机制的功能、绿色农业科技创新的特点，结合绿色农业科技创新的动力和保障两方面支持，构建绿色农业科技创新机制，如图 3 - 1 所示。

三　绿色农业科技创新机制的构成

绿色农业科技创新机制的责任重大，如何突出其优势，克服现有绿色农业科技创新的不足，促进绿色农业发展，应针对我国绿色农业科技创新特点，结合我国绿色农业主要发展压力，主要从以下几个方面构建绿色农业科技创新机制。

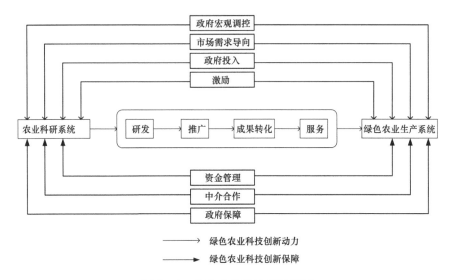

图 3 - 1　绿色农业科技创新机制

（一）政府宏观调控

我国农业科技创新一直以解决农产品总量不足、提高产量为主要研究方向，以促进农产品总量上升为基本目标。而现阶段农业的主要矛盾已由总量不足转变为农产品的结构性矛盾，现代农业的当务之急是农产品的质量和食品安全。目前我国绿色农产品生产具有成本高、产量低、周期长等特点，因此为促进绿色农业快速发展，实现绿色农业综合效益，应加快农业科技创新的研究战略转变。政府应采取积极政策鼓励农业科技创新大幅向绿色农业倾斜，引导科技力量向绿色农业注入，在行政管理、财政拨款、资源配置、科研攻关等方面进行一体化部署，形成绿色农业科技创新合力。针对绿色农业生产的迫切需要，围绕绿色农业发展的关键环节和重点领域，政府应启动重大科技专项研究。因此，以政府宏观调控为导向，加大政府宏观调控，将加速农业科技创新的绿色方向转变，促进绿色农业科研聚焦，实现绿色农业科技资源优化配置，加速绿色农业科技创新的重大突破，促进绿色农业快速发展。

（二）市场需求导向

我国绿色农业生产规模小、抗风险能力弱，劳动分散，农业生产者老龄化严重，这些都制约了绿色农业科技创新成果的采用，导致绿色农业科技创新的有效需求不足。市场需求是科技创新活动的动力源泉，是科技创新活动的起点，也是科技创新得以实现的最终场所。绿色农业科技创新成果必须满足市场需求，才能将科技创新成果从科研领域向生产领域转移，从而实现成果价值，因此市场需求是绿色农业科技研发系统和绿色农业生产系统的重要纽带。应充分发挥技术推动、政策导向、消费意识及生产标准的积极推动作用，提高绿色农业生产者的生产意识，发挥市场需求导向作用，从而提高对绿色农业科技创新的派生需求，实现绿色农业科技创新的供求平衡。

（三）政府投入

当前绿色农业的成本高、收益低、风险大，同时柠檬效应的存在和生产带来的极大外部性（旷宗仁，2023），导致绿色农业的发展障碍巨大，很难吸引农业生产者放弃原有生产方式。我国虽然是国际农业大国，但并不是农业强国。究其原因在于我国农业生产力低下，科技投入产出比率低（陈强、徐凯，2023），农产品的科技含量低，国际市场认可度低。一直以来，我国农业科研投资的增长率均低于农业国内生产总值的增长速度（黄季焜，2000），农业科技投入不足。同时农业科技支出占科技总支出的比重仍然较低，这些都极大地制约着农业科技创新的作用效果。因此应加大绿色农业科技创新资金投入，建立稳定的绿色农业科技创新长效投入措施，强化绿色农业科技资金投入力度（Jinyang Cai、Weiqiong Chen、Jikun Huang et al.，2020）。建立以政府为投资主体，社会企业、组织及个人为辅助的投资渠道，并根据市场需求，调整投资结构，在绿色农业科技创新的研发、推广、成果转化及服务等环节加大资金投入力度，将绿色农业科技创新与市场需求紧密联系，促进绿色农业科技创新实现更大的经济效益、社会效益和生态效益，促进实现农业强国。

（四）资金管理

通过统计数据可以看出，我国农业科技创新投入逐年上升。但是农业科技一直以来存在着"重投入、轻产出"、预算执行不严格、资金使用不规范、"经费短缺与浪费并存"等诸多问题，导致科技创新经费使用效率依然很低，进而导致农业科技创新能力低。而绿色农业科技创新的风险性和不确定性并存，因此需要的资金支持更多，对绿色农业科技创新资金的管理更为重要。完善资金管理制度，采取合理措施，加强资金使用监督，促进绿色农业科技创新资金的合理分配与使用。以政府集中决策为主，明确绿色农业科技创新方向，在政府部门、科研单位间实行合理分工，合理划分职责，形成多渠道的科技资源集结，避免责任推诿，实现绿色农业科技创新资金使用的合理、合规、经济和效率。

（五）中介合作

绿色农业科技创新以农业科研单位为主体，以绿色农业生产者为受体。由于科研与生产之间存在很大的理解和认可度的差异，同时我国农业科技创新多数是政府指令性的，缺乏有序运作的中介机构，造成科技创新的推广、转化等中间环节困难重重。因此应积极构建绿色农业科技创新中介机构，正确选择中介渠道，加大科研单位与农业生产者之间的联系，促进绿色农业科技创新的顺利开展。可以采取适当的中介渠道在农业科研单位与绿色农业生产者之间搭建桥梁，促进绿色农业科技创新价值的实现。从我国发展现状来看，绿色农业是受到全社会普遍认可的农业模式。可以以农业科研单位基层推广站为绿色农业科技创新中介，受政府的主要领导，农业科研部门下属推广站负责组织、管理和实施。也可以选择以绿色农业协会、绿色农业龙头企业为绿色农业科技创新中介，高度组织化地协调农业生产者，融合各项资源。还可以选取信息网络平台为推广媒介，实现大范围、全方位的推广。因此，应借助中介服务桥梁，完善中介合作制度，提高中介服务意识。应根据各地区特点以选择一种中介渠道为主，其他中介渠道为辅，形成多渠道的科技资源集结，全方位的合作与数据潜力挖掘，提高集成资源共享程度，提高绿色农业科技创新需求，提升绿色农业科技创新效率，加大绿色农业科技创新接受程度，降低绿色农业科技创新风险。

（六）激励

绿色农业科技创新激励，是推动科技创新微观主体产生创新行为动机。绿色农业科技创新激励在三个方面的作用最为突出。首先，绿色农业科技创新激励将进一步推动资源的优化配置，鼓励农业科技倾向于绿色农业循环系统、配套技术方面，开发新资源，开发替代投入品使用技术。其次，绿色农业科技创新激励还将提高农业科技人员的科研积极性。在政策和资金上，有效激发科研人员的工作意愿，促进农业科技工作者的持续创新，提高农业科技工作者的收入水平，充分调动农业科技人员的科研积极性（黄宜、张家缙、周海燕等，2023），加快研究成果的落实与转化。最后，提高绿色农业生产者采用科技成果的积极性，加大生物技术、信息技术、绿色技术和设施技术等在绿色农业生产中的应用（Dun-Chun He、Yan-Li Ma、Zhuan-Zhuan Li et al.，2021），提高绿色农业的生产效率，真正实现绿色农业的低投入、高产出、高效率的目标（Ali Mawof、Shiv Prasher、Stephane Bayen、Christopher Nzediegwu，2021）。完善政府的激励机制，强化政府在绿色农业科技创新过程中的推动和导向作用，加大对绿色农业科技创新的激励诱导，充分利用基础领域研究成果，实现绿色农业技术在基础学科领域的突破。

（七）政策保障

绿色农业科技创新具有公共产品、不确定性和风险性、区域性和规模小等特点，极易受到外界的冲击与影响，因此对科技创新实施合理的政策保障是促进绿色农业科技创新发展的重要手段。针对绿色农业科技创新的特点，需要在公共产品补偿、产权保护及风险管理方面实施保障。

绿色农业科技创新的公共产品属性表现在绿色农业科技创新成果极易模仿,"搭便车"问题普遍,对生态环境治理也将造福所有受益人群。公共属性意味着投入者无法收回合理的经济效益,造成市场失灵,影响产品的市场供给,因此完善知识产权保护和绿色农业科技创新的补偿将有效补偿投入者的合理收益,保障绿色农业科技创新的市场供给,弥补科技创新的外部效应。

绿色农业科技创新可能遭遇各种风险,表现突出的是技术风险、市场风险和生态风险,迫切需要建立相应的风险保障,以使绿色农业科技创新不受或少受不利因素的影响而得以健康、稳步地开展和实施。绿色农业科技创新风险保障,一方面需建立科技风险评估制度,在立项研究前,对绿色农业科技研究严格把关,提高科技创新风险预判能力,通过多种方式规避风险;另一方面需完善科技创新风险体系,全面分散和降低绿色农业科技创新的风险。

综上所述,绿色农业科技创新机制是一个复杂的系统。各组成部分间是同时共存、协调一致的,只有通过采用适当的措施,协调和融合各种因素,实现内在、外在的有机结合,才能提高绿色农业生产率,实现绿色农业综合效益,降低风险,从而为绿色农业扩大规模和深度提供技术支持。

第二节　绿色农业科技创新长期效应分析

农业科技创新投入是农业科技创新的重要组成部分,也是科技创新动力、推广、风险保障的另一表现形式,从国内外农业科技创新研究可以看出,多数研究用农业科技创新的投入作用来直接反映农业科技创新的作用。而现有研究者们关注的热点是农业科技创新投入对产量的影响作用,对绿色农业发展的效应分析并未深入研究,因此本书将对绿色农业科技投入对绿色农业发展水平的效用进行分析。

一　研究方法：时间序列分析①

国内外已有相关文献在绿色农业发展的促进因素等问题的研究上，提出富有洞察力的线索。其中，一个极具吸引力、富有启迪的研究思路是，Willer Helga 和 Yussefi Minou（2024）巧妙地利用 SOEL 调研得到的各国有机农业所占区域的统计数据，并采取回归的方法，对有机农业进行计量分析（向雁、陈印军，2018；Z. Latifi、H. Shabanali Fami，2022）。挪威经济学家弗里希（R. Frisch）在探讨用数学方法解决经济学的几点好处的基础上，提出了"用统计方法做定量研究"的计量经济学（Econometrics），同时着重强调计量方法核心和可靠的方面在于理论检验。

时间序列数据是按照时间顺序的一组数字序列。时间序列数据是一组标有时间坐标的随机变量。时间序列分析法（Time Series Analysis）方法是由 Box-Jenkins 于 1976 年提出来的。它是一种动态数据处理的统计方法，是利用时间序列组数据，应用数量统计方法来加以处理，用以预测事物的发展方向。时间序列分析是根据系统观测得到的时间序列数据，通过曲线拟合和参数估计来建立数学模型。

二　数据来源与指标选取

第一，数据来源。本部分的时间跨度为 1996—2021 年。1996—2021 年当年认证绿色食品产品数，根据绿色食品发展中心网站提供的《绿色食品统计年报》及该网站提供的相关数据计算汇总整理；1996—2021 年农业 R&D 经费内部支出来源于《中国科技统计年鉴》，各变量对应样本数据均为 26 个，数据变化趋势如图 3-2 所示。

---

① 时间序列分析方法，作为一种定量研究方法，适用于各种领域的时间序列分析，并得到了广泛的应用。因此在后面的各机制构建中，采用时间序列分析方法，对不同的自变量对因变量的影响效果进行回归计算，试图解释现有农业相关政策对绿色农业发展的长期效应，具有普遍意义，在后续章节将不再对方法进行赘述。

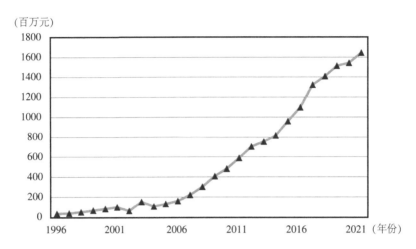

（百万元）

图 3 - 2   1996—2021 年全国农业 R&D 经费内部支出统计
数据来源：1997—2022 年《中国科技统计年鉴》。

第二，指标选取。由于本部分的研究目的是分析农业科技创新规模对绿色农业发展水平的促进作用，希望通过实证来论证农业科技创新对绿色农业发展水平的影响效果，因此建立农业科技创新规模和绿色农业发展水平两个指标。表 3 - 1 归纳了两个指标及其经济含义。

表 3 - 1   主要指标及其经济含义归纳

指标名称	衡量要素	要素诠释	序号
绿色农业发展水平	绿色食品认证产品数（Y）	即当年认证绿色食品产品数，根据当年认证绿色食品产品数来反映绿色农业的发展水平	1
农业科技创新规模	农业科技财力资源投入（X_1）	即每年农业 R&D 经费内部支出，可反映农业科技财力资源投入状况	2

资料来源：笔者整理。

在上述指标中，分为自变量指标和因变量指标。其中自变量指标为绿色农业发展水平指标，因变量指标为农业科技创新规模指标。

我国绿色食品获证产品数量与农业科技增长具有一定的相关性（余茜、苏秦、龚彦羽等，2021），不仅具有对本地农业经济增长的正向作用，也对周边地区产生溢出效应（余茜、苏秦、龚彦羽等，2021）。农产品认证不仅有利于提升农产品质量，提高农产品的国际竞争力（潘莉颖、徐玉冰、崔磊等，2021），而且绿色有机产品认证是影响产业集群发展水平的重要因素（李彬、吕雅辉、张润清，2023）。因此，在衡量绿色农业发展水平时，本书选取绿色农业的核心产品——绿色食品当年认证产品数来衡量。

　　绿色农业发展水平：可以用绿色农业的当年认证绿色食品产品数来代表，其是指某地区在固定时限内（一般以一年为统计周期），采取绿色农业操作规程进行生产，通过所在省份的绿色食品办公室认证，并按照监测流程进行检测的农业生产产品。

　　农业科技创新规模：反映农业科技创新的投入情况。农业财力资源是开展农业科技活动的保障，所以主要体现在农业科技财力资源投入（X_1）方面。国内学者较多采用科技活动经费筹资额和农业 R&D 经费内部支出进行测算，但是由于时间轴序列数据的缺乏，科技活动经费筹资额并不连续可得，而且从实际情况来看，农业 R&D 经费内部支出更真实地反映了农业科技活动的实际财力投入，因此选取农业 R&D 经费内部支出为衡量要素。

三　模型与估计结果分析

　　在对时间序列数据进行分析时，根据计量经济学理论，要求时间序列数据必须是平稳的，即没有随机趋势或确定性趋势，否则直接对其进行回归分析，很可能出现"谬误回归"的情形，导致不正确的结论。出于这种考虑，必须对变量分别进行平稳性检验，即单位根检验，该方法通常有 DF 检验法、PP 检验法和 ADF 检验法，用以检验各时间序列变量的平稳性。本部分所选取的两组变量，选取时间相同，变量的变化趋势如图 3－2，首先对分别检验 Y 和 X_1 时间序列的平稳性，本部分将采用 ADF（Augmented Dickey-Fuller Test）法检验变量的平稳性。

（一）单位根检验

运用 Eviews10.0 计量软件，分别对 Y、X_1 的单位根进行检验，以确定所选变量的时间序列平稳性，检验结果如表3-2所示。其中，Δ 和 Δ^2 分别表示变量的一阶差分和二阶差分，检验类型（C，T，K）中的 C、T 和 K 分别表示单位根检验方程包括常数项、时间趋势和滞后阶数，滞后阶数 K 根据施瓦茨准则（SC）确定。由单位根检验结果表可以看出，变量 Y、X_1 的水平序列、一阶差分序列都不能拒绝单位根假设，说明这些变量的水平序列、一阶差分序列都是非平稳的，而二阶差分序列拒绝了单位根假设，说明二阶差分序列都是平稳的，即都是二阶单整序列。可以进行协整关系检验。

表3-2   单位根检验结果

变量	检验类型(C、T、K)	ADF统计量	1%临界值	D. W 值	结论
Y	(C,T,2)	1.838365	-4.374307	1.732646	不平稳
ΔY	(C,T,2)	-2.532713	-4.394309	1.792843	不平稳
$\Delta^2 Y$	(C,T,2)	-6.594759	-4.416345	2.013051	平稳
X_1	(C,I,2)	3.142848	-3.724070	1.642586	不平稳
ΔX_1	(C,I,2)	-1.689007	-3.752946	1.896904	不平稳
$\Delta^2 X_1$	(C,I,2)	-8.951994	-3.752946	1.978402	平稳

数据来源：运用 Eviews 10.0 计量软件计算所得。

（二）协整检验

由单位根检验表，可以知道 Y、X_1 的两个变量是 I（2）过程，即二阶单整变量，所以可以进行协整分析来验证被解释变量与解释变量间是否存在长期协整关系。首先进行 Johansen 协整检验，检验结果如表3-3所示。其中，"＊"表示在5%的显著水平下拒绝原假设，协整关系的滞后阶数为2阶。

表 3 - 3	Johansen 协整检验与协整方程		
特征根	最大特征根统计量（p 值）	5%临界值	假设的协整方程数
0.513421	17.288564（0.0161）	14.264600	没有
0.048750	1.199496（0.2734）	3.841465	最多一个

数据来源：运用 Eviews10.0 计量软件计算所得。

Johansen 的最大特征根统计检验结果表明，在 5% 的显著性水平下，被解释变量 Y 与解释变量 X_1 间存在唯一的协整关系，建立长期均衡方程为：

$$Y_t = 27.0050x_{1t} + \mu_t \qquad (3.1)$$

由方程（3.1）可以看到：Y、X_1 存在稳定的均衡关系。农业科技创新的财力资源投入对绿色农业发展水平起正向的推动作用，在样本区间内，农业科技创新指标与绿色农业发展水平指标之间存在正向的长期稳定关系。

（三）结果分析

利用 1996—2021 年数据进行效应分析，可以看出绿色农业科技创新对绿色农业发展具有促进作用。因此验证了学者们在提高绿色农业科技创新有利于提高绿色农业生产效率，促进绿色农业发展的结论。从我国的实际政策可以看出，2005 年，中央一号文件中提出"未来时间内，把加快农业科技进步，提高农业综合生产效率，作为重要的战略任务"，自此农业 R&D 经费内部支出开始快速增长，这种增长速率的变化与农业科技创新政策的变化直接相关。从实际经济意义角度看，农业科技创新在一定程度上起到改善生态环境、提供农业生产技术和优良品种等直接作用，因此实际作用和计量结果一致。

第三节 绿色农业科技创新对农业绿色生产效率（AGTFP）的效应分析

一 研究假设

农业科技投入可以提高农业发展生产水平，促进农业绿色生产率的提高。科技创新能力的提升不仅可以改变传统的生产方式，也提高了农业生产效率。农业科技人才与内部经费支出不仅反映了我国农业科技的投入力度，也对农业绿色生产转型有重要影响。但是学者对于该研究有不同的见解，王丹、赵新力和郭翔宇等（2018）等通过测算得出农业 R&D 人员对绿色生产效率产生正向影响，而柯福艳、徐知渊和杨良山（2022）则认为农业 R&D 人员对农业绿色生产率产生负向作用；毛世平、杨艳丽和林青宁等（2019）通过测算得出农业 R&D 经费内部支出对农业绿色生产的正向作用显著，认为应加大对农业科技创新经费的投入。

本节研究的是农业科技投入与农业绿色生产效率的关系，国家对于农业科技人才的支持不断增加，科技人才的流动与投入受国家政策支持影响较大，对农业高质量发展有影响，但是农业 R&D 人员数据统计困难，根据统计数据进行测算往往误差较大，因此本书选择仅考察农业经费支出对农业绿色生产的作用效果，据此可以提出假说：

农业 R&D 经费内部支出对农业绿色生产效率产生正向影响。

为研究农业科技对农业绿色生产效率影响程度，本书建立计量模型，把农业绿色生产效率作为被解释变量，农业 R&D 经费内部支出作为解释变量，探索其中影响关系。

$$GAP_t = \alpha_0 + \alpha_1 X_{1t} + \varepsilon_t \qquad (3.2)$$

公式（3.2）中，GAP_t 表示第 t 年绿色生产效率，X_{2t} 分别表示第 t 年农业 R&D 人员、农业 R&D 经费内部支出，α_0 为常数项，α_1、α_2 为待估参数，ε_t 代表随机扰动项。

二 指标选取及数据说明

技术效率作为纯技术效率及规模效率的综合，既能反映技术与管理层面的效益，又能体现规模变动带来的规模收益，于是本书选择技术效率作为被解释变量（GAP）。此外，用于测算技术效率的绿色粮食种植面积，是自 2003 年开始统计，故选取对应的 2003—2021 年的农业 R&D 经费内部支出（X_1）作为解释变量，数值整理结果如表 3-4 所示。

表 3—4　技术效率、农业 R&D 人员及 R&D 经费内部支出

年份	技术效率	农业 R&D 经费内部支出（百万元）
2021	1.000000000	1643.44
2020	0.857383242	1540.77
2019	0.742682826	1515.52
2018	0.646193984	1407.99
2017	0.586900284	1319.81
2016	0.552541807	1096.89
2015	0.508481839	957.16
2014	0.471360067	813.67
2013	0.450660566	754.62
2012	0.414357020	704.84
2011	0.369649435	587.46
2010	0.329270866	482.53
2009	0.273050433	408.68
2008	0.257786599	302.49
2007	0.231665714	222.04
2006	0.205699268	159.01
2005	0.193445442	130.67
2004	0.184008771	108.02
2003	0.170440346	152.72

数据来源：农业 R&D 经费内部支出来源于 2004—2022 年《中国科技统计年鉴》。

三　结果分析

由于绿色生产效率介于 0 到 1，本书运用 Eviews10.0 进行 Tobit 回归分析，考察农业 R&D 经费内部支出对绿色生产效率的影响，最终

测量结果如表 3 – 5 所示。

表 3 – 5　　　　　　　　　Tobit 回归分析结果

Variable	Coefficient	Std. Error	z-Statistic	Prob.
X_1	0.000437	0.0000241	18.11925	0.0000

数据来源：运用 Eviews10.0 计量软件计算所得。

GAP_t 与解释变量 X_1 间存在唯一的线性关系，方程为：

$$GAP_t = \alpha_0 + 0.000437X_{1t} + \varepsilon_t \qquad (3.3)$$

由表 3—5 中数据可知，农业科技 R&D 经费内部支出对农业绿色生产效率的影响系数为正的 0.000437，p 值小于 0.01，说明农业科技 R&D 经费内部支出显著正向影响农业绿色生产效率，合理农业科技 R&D 经费内部支出能够促进农业绿色生产效率的提高。

从绿色农业科技创新长期效应来看，农业科技 R&D 经费内部支出的影响系数分别为 0.000437。从绿色农业科技创新长期效应和农业绿色生产率的影响来看，绿色农业科技创新对绿色农业发展水平、农业绿色生产效率均具有正向的促进作用。由此可见，通过加大绿色农业科技创新规模，利于农业生产者选择绿色农业生产模式，并且加大科技人才资源投资更有效，因为农业科技创新优化了农业生产技术，提高了科技水平，促进农业绿色生产效率水平提高，进而促进农业生产力的提高，推动了绿色农业的发展。

第四节　有关绿色农业科技创新的政策建议

根据绿色农业科技创新的长期和生产效率的效应分析可知，绿色农业科技创新规模对绿色农业发展水平和农业绿色生产效率的作用是正向的。而如今由于我国农业科研体系不尽合理，农业投入和补贴力度不够，农业科技创新条件得不到改善，农业科学技术和人才的交流不足（罗明忠，2023），科技成果转化服务体系不完善，技术扩散平台发挥不出优势等因素影响（李健，2022），导致农业科技创新方向不明确、重点不突出，产学研、农科教结合不紧密，不能充分发挥地区优势，难以提升农业竞争力。这些不利因素对于构建高产、优质、高效、生态、安全的绿色农业，推进社会主义新农村建设将产生严重的阻碍。为此，建议应加大绿色农业科技创新投入，并以此推动以下诸方面进行政策设计或调整。

一　加大农业科技创新投入比例

我国绿色农业科技创新的投入不够，农业科技创新条件得不到改善。政府是农业科研经费的主要提供者，我国对农业的投资虽然逐年上升，但是增长缓慢，国家对农林水利部门的支出占 GDP 的比例还相当低，占财政总支出的比例也偏低。

政府在进行科技创新投入的时候，经常需要权衡各行各业的比例分配（Frank R. Lichtenberg，1984），并且我国的农业财政投入很大部分放在农业基本建设上，而用于农业科研与开发的投入就相对较低。而且众所周知，一项新技术从其研发到试验成功，再到进行大范围的推广，进而产生利润，需要耗费很长的时间。每一个阶段都需要相应的资金投入，尤其是研发阶段，需要大量的资金投入，一旦研发不成功，那么前期投入就全部转化为沉没成本无法收回。这种情况显然是部分追求短期效益的部分机构领导所不乐见的，由此也导致我国在绿色农业科技创新方面投入的资金不足。

大多数传统的农业技术已经被科技所取代。技术的现代化和改进在最大程度上帮助了人们（Sandhya Naveen，2021）。为尽早实现绿色农业现代化，实现绿色农业的可持续发展，政府相关部门应整合科研资金，立足我国是农业大国这一优势，在适度增加农业基本建设方面的投资的同时，加大绿色农业科技创新方面的投入，鼓励改良土地、改善生态环境的科技研发。同时鼓励企业、金融机构支持农业科技创新，加大企业或组织对绿色农业科技创新的投入比例（张露、罗必良，2020）。指定相关部门，对农业科技创新资金的使用进行监督，切实做到专款专用。

二 加大研发环节与推广环节之间的联系

当前我国农业研发与推广环节之间存在脱节现象，研发与推广之间有一定的"代沟"。前者注重小面积的试验室，后者注重大面积生产；前者以理论居上，后者以实际为主；前者常常适应本地后再推广，后者往往运用政府力量来大范围运作推广。两者的沟通机制不理想，推广部门缺乏新的农业科技成果来源，在推广过程中遇到的一些生产技术问题不能及时反馈给相关科研单位，使得农业科研单位的科技创新成果转化为商品生产的效率较低（Anatolii Pachynok，2021），成果推广运用的积极性较差，难以形成科研、生产、市场的一体化格局，不能将科学技术这一主要资源在生产中突出发挥出来，难以实现其自身价值。

因此，应加大科研单位与推广部门的联系，加大推广机构和科研机构的互动。鼓励科研单位走进县乡，进行技术指导；鼓励基层推广人员走进科研单位，进行学习交流。在科研单位和推广机构之间建立信息网络，责成主管部门监督、引导、沟通，时时进行数据更新。并要求科研单位对沟通情况、实际生产实验做成记录，推进科研成果的转化。同时加大对县乡推广机构的资金投入，鼓励科研成果的基层试验。加快推行绿色农业试点建设，使基层推广单位可以在试点地进行技术推广（刘连馥，2013）。

三 加大对科技人员和农业生产者的培训力度

长期以来，我国农业科技人员技术素质相对较低（宋珍妮、冯慧，2022）。农业科技创新的关键在于高素质的人才队伍（Anatolii Pachynok，2021），既要有科研院所的技术人员，又要有农村的技术人员。其中，如何提升他们的科技素质是关键（Anatolii Pachynok，2021）。知识水平高的可以接受理论影响，对于乡村技术人员来说，更多的是靠"你做给我看"这种实际行为，只有他看懂了，才能反过身来接受理论，并予以传播。对于科研机构来说，有了国家的拨款，可以进行示范田的种植，但对县级、乡级科研技术推广部门，往往由于缺少经费，开展基础试验是比较困难的。

农业科技创新成果的转化必须接受市场的检验。目前我国自上而下已经形成了国家、省、市、乡镇农业推广体系。但在新技术推广过程中，由于推广人员知识欠缺、技术不过硬，导致农业科技推广受到阻碍，无论多么先进的科技成果也很难转化成现实生产力。

因此，要利用现有的农业技术推广体系，推进农村信息化建设，为农业生产者和农村企业服务；围绕要推广的相关农业新技术举办展会，邀请科研单位、企业、基层推广单位、农业生产者共济一堂，进行面对面交流；营造人员培养的良好环境，培养一批知识素质高、科研领悟力强的绿色农业基层科技人才（张眉、陈国海、晏培华等，2023）和先进的绿色农业生产者；加强基层信息化建设，推出培训平台，开展远程培训与现场指导等多种培训方式。

四 加速绿色农业科技成果宣传

目前我国农业科技创新的宣传工作仍然是由政府做主导，在综合考虑学术价值后进行宣传，同时其借助媒体的宣传力度还非常有限。一项新技术，即便研发成功，但由于宣传不到位，也难使需要技术的农业生产者了解、看到其采用新技术后会给自身带来的各种收益，自然就无法采用该技术。这也导致我国部分农业科研成果束之高阁或采用率不高。

绿色农业生产已经开展了二十多年，绿色产品在市场上已经是高端产品，绿色农业生产更多的是体现社会效益，经济效益表现不突出，因此生产者也缺少积极性，在具体工作推进中，更是很难开展。各级政府应加大绿色农业科技创新的宣传活动，更多利用媒体和社会媒介对科技成果进行宣传（魏剑锋、李孟娜、刘保平等，2023），切实抓好科技兴农工作。同时加强科技人员下乡宣传工作，通过实地与农业生产者面对面的交流，进行科研成果的进一步宣传。

第四章　绿色农业补偿机制及效应研究

目前，绿色农业发展依然受到高额生产成本的制约。高额成本突出体现在对生产环境的改善投入、生产的物质投入和人力投入上。由于严格的生产标准和生产条件，绿色农业生产者需要适应新的生产方式，同时面临巨大的市场风险和等待市场对产品认可的漫长过程（Paola Cane，2019）。绿色农业发展过程中，伴随着综合效益越大，受益人群越多，所带来的经济外部性就越明显。因此绿色农业生产者比常规农业生产者将承受更高额的成本（展进涛、徐钰娇、葛继红，2019）。如何分解绿色农业生产者的成本压力，扩大绿色农业的推广范围，扶持绿色农业这一幼稚产业？如何将绿色农业的外部成本内部化，纠正外部性的效率偏差，提高市场调节作用？构建绿色农业补偿机制是最直接的解决办法。绿色农业补偿是政府对绿色农业的保护，对绿色农业生产模式的引导和扶持，同时也是保护农业生产者的公平收益。本书将以促进绿色农业发展，解决绿色农业的成本高、收益不确定和外部性为目标，对实施绿色农业补偿机制进行理论依据分析，从国家对农业补偿的实际出发，构建绿色农业补偿机制，并对促进绿色农业发展的作用效果进行效应分析。

第一节　绿色农业补偿机制分析

我国绿色农业成本居高不下，外部性明显，投资回报率较低，市场中既有消费意愿又有消费能力的消费者数量不足，难以形成有规模的市场。而由于投资大、周期长、回报率低也会使民间投资者望而却步。因此，应构建绿色农业补偿机制，给绿色农业产业发展提供支持和保障。

一　绿色农业补偿机制的功能

绿色农业补偿机制的功能应由常规农业的单一生产扶持功能向多元化扶持功能转变。绿色农业补偿机制功能应以实现幼稚产业扶持，促进绿色农产品及优质环境供给，实现收入公平为目标，从而促进绿色农业发展。

（一）实现幼稚产业扶持

目前我国农业生态系统已经远远超过自然生态系统的承受力，严重制约着农业乃至整个国家的可持续发展，威胁着人们的生存安全。绿色农业强调节约资源使用、提高劳动生产率和农产品的产出率、极大地减少化肥以及农药的使用，选择优良品种、有机肥料和生物药剂，提升土地的活性，减少污染物质排放，为人们提供绿色、安全的农产品，具有非常强大的综合效益。然而，在产业初期，绿色农业规模较小，在生产分散的情况下，成本居高不下，需要大量的资金扶持，这极大地限制了绿色农业的发展。绿色农业是可持续发展的现代农业模式，是需要扶持的幼稚产业。因此，科学构建绿色农业补偿机制，对绿色农业实施适当的补偿，将推动资源的优化配置，为绿色农业发展解决资金难题，扶持幼稚产业发展，促进绿色农业综合效益的实现。

（二）促进公共产品持续供给

绿色农业与其他农业模式相比具有显著的正外部性。绿色农业提供的产品和服务是公共产品。保护自然资源、维护生态环境、供给安全的绿色食品是绿色农业的使命。绿色农业存在极大的生产改造投入、科技投入和管理投入，投入成本高，而其产出的是安全的食品、良好的生态环境和绿色的消费理念。绿色农业在保障粮食安全方面具有一定的公共产品特征，会产生巨大的社会收益。绿色农业生产过程中对生态环境给以保护、维护与修复，良好的生态环境被社会成员消费（郝嘉楠、常跟应、张雪等，2021）。同时绿色农业技术的投入并不能妨碍和阻止其他农业生产者效仿和使用，也存在公共产品属性。从投入产出的获利来看，农业生产者所获得的私人利益并不可观，而社会利益巨大，不仅有利于当代，而且影响后世。因此，构建绿色农业补偿机制，调节市场失灵，对绿色农业给予适当的补贴并提供政策上的保护，使其外部性逐渐内部化，促进绿色农产品和优良环境的持续供给。

（三）实现收入公平

绿色农业生产需要依靠良好的生态环境，需要对受污染的环境进行治理。城市污染所造成的生态环境的恶化，其负担转移到绿色农业生产中，造成绿色农业生产者的成本上升，致使整个社会出现分配不公的状况。收入不公平，将使农业生产者对绿色农业生产缺乏积极性。因此，对绿色农业生产者因生态环境的治理，所付出的成本给予补偿，可以促进收入分配的公平（Minka Anastasova-Chopeva，2019）。农业生产者在习惯常规生产模式后，不会轻易改变生产模式。因此，构建绿色农业补偿机制，需要实行多层次的扶持和补贴，采取多项目、定点补偿，并实行多种补偿方式结合（王彬彬、李晓燕，2019）。根据不同地区、不同类型，差异化区分农业生产者，通过分析其需求层次，制定补偿标准，真正起到平衡农业生产者利益，实现收益公平（姜明君、陈东彦，2020），引导农业生产者采用绿色农业生产模式，提高绿色农业生产积极性，促进绿色农业发展的作用。

综上所述，绿色农业成本高、风险大、产业不成熟，绿色农产品的公共属性特征和绿色农业的外部性特征明显，这些都难以实现市场的自动调节。农业生产者转变生产方式、进行环境保护和生态建设的积极性都不高，绿色农业的经济效益、生态效益和社会效益难以实现，因此，科学的绿色农业补偿机制将实施有效调节，以扶持幼稚产业、解决外部性问题、促进收入公平为目标，促进绿色农业的发展。

二 绿色农业补偿机制的内涵

绿色农业补偿机制以促进幼稚产业发展、解决外部性问题、促进收入公平、提高绿色农业生产积极性为目标。但是现有农业生产补偿机制并没有对常规农业和绿色农业进行区分，绿色农业并未获得很多政府补偿扶持，无法实现绿色农业补偿机制的功能。因此，构建绿色农业补偿机制应分析补偿主体和补偿对象，对绿色农业补偿和常规农业补偿实现区分，明确补偿范围和补偿标准，选择合理的补偿方式，保障补偿落实，真正实现绿色农业补偿机制功能。

绿色农业补偿机制应以中央政府和地方政府为主体，他们肩负着绿色农业补偿的重任（何寿奎，2019）。绿色农业生产者（或绿色农业生产企业）和促进绿色农业发展的相关部门是补偿的对象。因此，绿色农业补偿机制应以中央的宏观调控为基础，对绿色农业和常规农业进行区分，制定相应的倾向政策，加大绿色农业补偿力度，根据不同地区的成本和收益差异，制定补偿标准和合理的补偿方式，加大对绿色农业生产的激励作用，发挥市场机制和政府调控的协同作用。

完善和制定补偿政策是绿色农业补偿机制建设的主要内容。补偿政策包括三个方面：现有农业补偿、绿色农业生态补偿和派生环节补偿。我国现有农业补偿政策是经历多重改革，在我国普遍推广的，是保护我国农业生产的有效手段，对于促进粮食增收有重要作用，也是农业生产者非常熟悉的农业补偿政策。因此，以现有农业补偿机制为改革的着力点，弥补原有补偿机制中对常规农业和绿色农业区分不明显，补偿倾向不足的缺点，在现有农业补偿政策中制定鼓励绿色农业生产的补偿款项，提升绿色农业的补偿的政策倾向和提高补偿力度。

绿色生态补偿，作为农业补偿的重要补充，也是对绿色农业生态价值的回报。因此应加大绿色生态补偿力度，扩大补偿范围。绿色农业生产可以对生态环境进行修复、保护和建设，具有极大的生态效益。然而绿色农业的生态效益很难用市场价值来体现，绿色农业提供公共产品的特性也很难得到回报，因此应实施绿色农业生态补偿机制,根据生态环境治理成本进行评估,制定合理的生态补偿办法,弥补绿色农业因生态环境治理而花费的成本支出。

绿色农业的发展离不开全社会的共同努力,存在着很多部门因推动绿色农业发展而需要增加投入的派生环节,因此对促进绿色农业发展而进行的绿色农业科技、保险和认证监管实施补偿,弥补这些环节因促进绿色农业发展而承担的巨大风险和花费成本,间接地推动绿色农业发展。

一直以来,我国在补偿落实方面存在漏洞,补偿不及时、补偿不到位、补偿发放不严格等事项层出不穷,补偿落实成为影响农业补偿发挥作用的严重阻碍。为更好地发挥绿色农业补偿和保护绿色农业的作用,应进一步完善绿色农业补偿落实,加强补偿资金的监管,确保对绿色农业补偿机制起到保障作用。

如上所述,绿色农业补偿机制的主导因素,包括政府的宏观调控、完善现有农业补偿机制、绿色农业生态补偿机制、派生环节补偿和绿色农业补偿落实。为此,构建含以上因素为一体的绿色农业补偿机制,如图4-1所示。

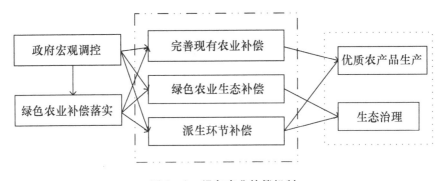

图4-1 绿色农业补偿机制

三 绿色农业补偿机制的构成

(一)政府宏观调控

绿色农业补偿是促进绿色农业生产、提供优质农产品、供给优良的生态环境的重要手段。绿色农业补偿作用的积极发挥,必须以政府宏观调控为前提，保障绿色农业补偿的稳定性、权威性、系统性和科学性，从而实现绿色农业补偿的高效性和长远性。

在政府的方向引导、政策保护、宏观调控、方案制订、组织实施下，明确规定农业补贴的政策目标、实施农业补贴的具体政策工具、各种补贴项目的补贴对象、补贴范围、补贴依据、补贴标准，资金来源、发放程序、资金监管，实现农业补贴的制度化管理。通过调整整体补偿比例，优化补偿结构，提高绿色农业补偿水平和规模。制定合理的补偿方式，增强绿色农业补偿的多样性和灵活性，明确各部门职责分工，加强对绿色农业补偿资金的监管和信息化建设，制定补偿规则，协调绿色农业补偿与其他措施之间的关系，从而最大限度地发挥绿色农业补偿的效率和作用。

（二）完善现有农业补偿

我国自2006年起，全面落实以农业"四补贴"政策为主，其余补贴方式为辅的农业补贴政策（宋成军、王久臣、孙仁华，2019），对促进农业发展、保障粮食安全、提高农业生产者收入、缩小城乡居民收入差距、缩小各产业间收入差距等方面起到积极作用（高强、曹翔，2021）。但是与发达国家相比，我国农产品依然缺乏国际竞争力，绿色农产品的国际市场还没有全面打开，其主要原因在于农业领域的公共投入不足。直接结果是，单位农产品的私人投资成本明显高于发达国家，并且短期内还将继续增长。中央财政的直接补贴还带来一个突出问题是，相对富裕的农户获益较多，加大了农户间的收入差距，并且这种差距还将逐步加大（魏腾达、张峭，2023）。面对一些特色农作物生产区域，明显出现补贴力度小、政策效果不明显的情况（陈儒、姜志德，2018）。这种逐渐加大的地区差异和农户差异与日益增长的投入成本，给绿色农业补贴制度带来新的思考。

因此现有农业补偿的完善显得尤为重要。应该对绿色农业生产的投入、收入和收入差距进行评估，建立公平的补贴原则（石志恒、慕宏杰、孙艳，2019），调整补贴结构。以普惠、重支出、贫困瞄准为补贴方向，同时评估三个方向的补贴比重。以鼓励优质生产、普遍收益、降低收入差距为目标（Marta Guth Katarzyna、Smędzik-Ambroży、Bazyli Czyżewski et al.，2020），同时适当提高绿色农业补贴水平。对于绿色农业生产中的投入成本高、收益不确定的问题，现有农业补偿制度应加大优良投入品的补贴力度，降低进入绿色农业的门槛和生产成本，加大对绿色农业生产者的扶持导向。同时施行绿色农产品的价格保护补贴，在政策上引导常规农业向绿色农业生产模式转变。

（三）加大绿色农业生态补偿力度

绿色农业肩负着生态产品和服务的供给，促进经济、社会与生态的和谐发展，确保生态资源安全的使命。绿色农业对生态环境有支撑作用，在生产环节严格执行技术标准和操作流程，会促进生态环境的改善，同时绿色农业有利于促进资源的节约和再利用（陈儒、姜志德，2018）。绿色农业生产过程中，要降低资源投入，保证资源使用的安全性，提倡使用可更新资源、可自然降解和可回收利用资源（楚德江，2022）。良好的生态环境是有益于当代，有益于后世的，因此绿色农业显现出极大的外部性。然而外部性的背后是绿色农业生产者为保护生态环境必须承受的生态成本投入的增加，将绿色农业外部成本内部化，加大对绿色农业的补贴是最有效的办法。

绿色农业的生态补偿，是对绿色农业生产者保护和修复生态环境鼓励的制度安排。我国要逐步完善绿色农业生态保护补偿、绿色农业生态修复补偿、绿色农业生态发展补偿。通过对不同地区进行生态评估，构建生态补偿标准，补偿原则，确定补偿主体。根据我国绿色农业发展的不同阶段，调整生态补偿的侧重点。从而实现降低绿色农业生产者的生态成本，促进绿色农业生态外部成本内部化，鼓励常规农业生产者采取绿色农业生产模式的目的。同时引导人们保护自然资源，自觉维护生态环境，促进区域协调发展、生态环境恢复，实现经济、社会的可持续发展及生态文明的形成（陈儒、姜志德，2018）。

（四）绿色农业派生环节补偿

绿色农业为提高生产效率、降低风险、矫正信息不对称，离不开绿色农业科技创新、绿色农业保险和绿色农业认证的支持。绿色农业的科技创新、保险、认证都是促进绿色农业发展的派生环节。由于绿色农业初级阶段成本高、风险大、收益不确定等特点，也导致这些派生环节普遍存在成本高、风险大、收益低的状况。在无政府干预的条件下，农业科研部门、保险公司、认证监管部门都从不同方向为绿色农业发展提供压力的分担。

因此为促进绿色农业发展，需要对派生环节进行补偿，以化解因促进绿色农业发展而付出努力的收益损失。对绿色农业科技创新实施项目补偿，降低科研风险，增加科研人员积极性，加大技术研发力度，利用生物技术和物理技术，降低绿色农业生产成本，提高产品产量，降低生态风险，增强产品的国际竞争力；对绿色农业保险实施保费补偿，弥补绿色农业风险给保险公司带来的经济损失，增加绿色农业保险参与者的积极性，加大绿色农业保险的覆盖率，有效降低绿色农业的风险，保障绿色农业生产者的收益，提高绿色农业生产积极性；对绿色农业认证监管进行补偿，给监管以财政支持，降低认证费用，增加监管部门工作积极性，鼓励绿色农业生产者积极认证，有效矫正信息不对称，促进农业生产者提高生产管理水平和产品质量，创立绿色农产品品牌。

（五）绿色农业补偿落实

农业补贴的落实一直存在问题（李鎏、蔡键、林晓珊，2021）。补贴资金的截留、挪用、克扣经常发生，环节和监管方面的漏洞，导致农业补贴的效果并不理想。我国绿色农业发展规模较小，经验不足，绿色农业补偿政策处于探索阶段，很容易被不法分子套取国家补偿资金，获取国家项目补偿支持，致使国家补偿资金浪费，降低绿色农业扶持的效应。绿色农业补贴机制的建立，一方面，侧重于绿色农业补贴的范围设计；另一方面，相应的绿色农业补贴的落实政策更为重要。

绿色农业补偿将是政府转移性支出的重要部分，各级主管部门必须强化对绿色农业补偿工作的监督和管理，做好绿色农业补偿落实。因此，为完善绿色农业补偿机制，应加快建设绿色农业补贴网，减少中间环节，论证补贴发放方式，合理规划各级财政间的权责范围，设计合理的落实流程，加强对绿色农业补偿的监督与管理，严把落实环节，增加补贴的公开性和透明度，做到绿色农业项目补偿专款专用，补偿资金依照国家规定严格使用。任何地方、单位和个人都不得虚报补偿项目，不得套取、挤占、挪用补偿资金（高强、曹翔，2021）。加大审核力度，形成监管威慑，重核查，强监管。规范绿色农业补偿的法治化管理，若没有严格的、稳定的法律为基础，绿色农业生产者将缺乏对政策的良好预期，降低政策的引导性。建立和完善绿色农业补贴的法律约束，明确补贴范围、资金来源、补贴方式、补贴流程、补贴效果反馈，将增加我国政府的公信力，提高我国绿色农产品的国际竞争力，促进绿色农业发展。

针对绿色农业的一般性特征和优良农产品的供给，应充分考虑现有农业补偿的作用。我国现有农业补偿是从公共投入等角度来认定的，有一定的实际意义。完善现有农业补偿可有效降低绿色农业生产成本，促进优质农产品生产，是绿色农业补偿机制的引导性、方向性的内容。但现有农业补偿制度对绿色农业的倾向并不明显，甚至对绿色农业与常规农业没有区分，作用不够显著。绿色农业生态补偿是针对绿色农业的生态效益角度构建的，是现有农业补偿的重要补充，将有利于降低绿色农业的外部成本，提高绿色农业生产者对生态环境的积极治理，也是解决绿色农业成本高、风险高、产业不成熟的重要手段。对绿色农业派生环节的补偿将进一步提高绿色农业科技创新、绿色农业保险和绿色农业认证的积极作用，有效降低绿色农业生产成本、提高绿色农业生产率，降低风险，提高绿色农产品信用，对优质农产品生产和生态环境治理有积极的促进作用，对绿色农业发展提供支持。任何补偿机制和补偿方案都会在不同程度上存在落实难的问题，绿色农业补偿落实政策是绿色农业补偿机制的重要保证。

绿色农业补偿机制的五个方面不是孤立存在的，是机制系统内相互作用、相互补充的有机成分，只有通过五个部分的共同作用，才能有效实现幼稚产业扶持、绿色农业的外部成本内部化，促进公共产品持续供给，实现收入公平，促进绿色农业发展。

第二节　绿色农业补偿长期效应分析

绿色农业补偿的直接表现形式是农业补贴。农业生产周期长、市场波动反应滞后的特点，导致农业吸纳外部资金困难多。为实现粮食安全、提高农业生产者收入、保护基础产业的发展，我国自 20 世纪 90 年代起，农业补贴规模持续增加，为理论研究和实践研究提供了依据。现利用长期数据进行现有农业补贴对绿色农业发展效应分析，拟研究农业补贴对绿色农业发展的长期影响时，用来分析未来农业补贴侧重和发展方向。

一　研究方法：时间序列分析

国外学者对于时间序列的计量方法的应用一直乐此不疲。Nusrat Akber 和 Kirtti Ranjan Paltasingh（2019）利用时间序列数据，比较了公共投资和补贴在国家和次国家层面对印度农业生产率的影响，结果表明：无论从短期还是长期来看，公共投资在提高农业生产率方面都比补贴更有效。K. V. Praveen、Alka Singh、Kumar Pramod 等（2020）利用时间序列数据，研究了国家和州一级的化肥使用趋势，利用间断时间序列分析研究了主要农业补贴政策对消费量的影响。下面将采用国内外学者热衷的研究方法，开展农业补贴对绿色农业生产规模的作用研究。

二　数据来源与指标选取

第一，数据来源。我国自 20 世纪 50 年代起实施农业补贴，以机耕定额亏损补贴形式出现，随后出现了用电补贴、生产资料价格补贴等形式（高强、曹翔，2021）。但是对农业发展影响作用较大的是 2001 年以来，我国一贯推出的农业直接补贴政策。

由于 2006 年前，农业"四补贴"并未全面实施，数据资料不够完备，2006—2015 年农业补贴主要体现在中央财政直接拨付的粮食直补、农资综合补贴、良种补贴（合称"三项补贴"）以及农机购置补贴。2016 年由于全国开展农业补贴改革，农业补贴主要为耕地力保护补贴、农业适度规模经营补贴和农机购置补贴。故本书在数据处理中，充分考虑政策连续性带来的影响，其中 2006—2015 年选取"三项补贴"和农机购置补贴数据；2016—2021 年农业补贴由耕地力保护补贴、农业适度规模经营补贴及农机购置补贴表示。由于农业适度规模补贴可获得的全国数据非常少，因此本书在数据选取上，以统计数据为主，辅以部分数据测算。长期效应分析中选择 2006—2021 年农业补贴数据，样本数据共 16 个，数据参见表 4 - 1；当年认证绿色食品产品数选择同一时间周期数据，即 2006—2021 年全国当年认证绿色食品产品数，数据参见表 4 - 1。由于数据的自然对数变换，能够使趋势线性化，并消除时间序列的异方差，故对数据取自然对数，数据趋势如图 4 - 2 所示。

表 4 - 1　　　　　中央财政直接拨付农业补贴统计　　　　（单位：亿元）

年份	粮食生产直接补贴	良种补贴	农资综合补贴	耕地力保护补贴	农机购置补贴	总计
2006	142	41.5	120		6	285.5
2007	151	66.6	276		20	458.4
2008	151	123.4	716		40	887.2
2009	151	198.5	795		130	1115.5
2010	155	204	716		155	1086.8
2011	151	220	860		175	1234
2012	151	224	1078		215	1452.4
2013	151	226	1014.4		217.5	1406.02
2014	151	215	1050.2		237.5	1443.66

续表

年份	粮食生产直接补贴	良种补贴	农资综合补贴	耕地力保护补贴	农机购置补贴	总计
2015	151	223.9	1071		237.5	1469.2
2016				1205	237.5	1442.5
2017				1205	186	1391
2018				1205	174	1379
2019				1205	180	1385
2020				1205	170	1375
2021				1205	190	1395

数据来源：根据 2007—2022 年《中国农业发展报告》中农业和农村政策实施情况整理所得；耕地力保护补贴来源于农业农村部工作报告（2022 年）。

注：财政部、农业部（2018 年起为农业农村部）关于调整完善农业三项补贴政策的指导意见指出，20% 的农资综合补贴存量资金用于农业适度规模补贴。据此，2006—2015 年农业补贴总计 = 粮食生产直补 + 良种补贴 +80% 农资综合补贴 + 农机购置补贴。（保留计算所得小数位）

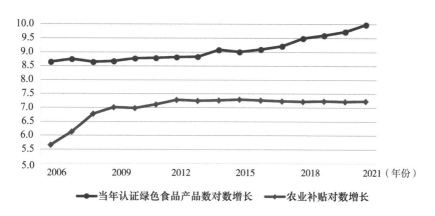

图 4-2　当年认证绿色食品产品数与农业补贴金额对数

第二，指标选取。在对农业补贴政策对绿色农业发展的效应研究中，选取绿色农业发展水平和农业补贴规模为研究指标，表 4-2 归纳了指标的衡量要素和经济含义。

表4-2   主要指标及其经济含义归纳

指标名称	衡量要素	要素诠释	序号
绿色农业发展水平	绿色食品产品数（Y）	即当年认证绿色食品产品数，根据当年认证绿色食品产品数来反映绿色农业发展水平	1
农业补贴规模	农业补贴（X_1）	即中央财政的粮食直补、农资综合补贴、良种补贴、农机购置补贴、耕地力保护补贴	2

资料来源：作者整理。

上述指标分为自变量指标和因变量指标，其中绿色农业发展水平指标为因变量，而农业补贴规模指标为自变量。

绿色农业发展水平的内涵已于第四章表4-1处说明。

农业补贴规模指标：反映农业补贴支持对绿色农业的促进作用。由于我国现阶段其他农业补贴的覆盖范围小，且部分补贴数据不可得，故选取中央直接补贴的部分数据来反映农业补贴规模状况，其余补贴项目和省内补贴部分未作统计。

三　模型与估计结果分析

（一）单位根检验

运用Eviews10.0计量软件，分别对 LY、LX_1 的单位根进行检验，以确定所选变量的时间序列平稳性，检验结果如表4-3所示。由单

表4-3   单位根检验结果

变量	检验类型（C、T、K）	ADF统计量	1%临界值	D.W值	结论
LY	（C，T，3）	1.957546	-4.992279	2.664933	不平稳
ΔLY	（C，T，3）	-4.007830	-4.992279	1.791698	平稳
LX_1	（C，0，3）	-6.769539	-4.886426	2.118479	平稳

数据来源：运用Eviews10.0计量软件计算所得。

位根检验结果表可以看出，变量 LY 的水平序列不能拒绝单位根假设，说明这些变量的水平序列非平稳的，一阶差分序列拒绝了单位根假设，说明一阶差分序列是平稳的。而变量 LX 的水平序列拒绝了单位根假设，说明水平序列是平稳的。由于两个变量非同阶单整，应采用 ARDL 进行边界协整检验。

（二）ARDL 边界协整检验

由单位根检验，可以知道 LY 是 I（1）过程，即一阶单整变量，LX_1 是 I（0）过程，即零阶单整变量，所以利用 ARDL 模型进行协整分析来验证被解释变量与解释变量间是否存在长期协整关系。检验结果如表 4 – 4 所示。

表 4 – 4　　　　　　　　Johansen 协整检验与协整方程

统计量	统计量数值	解释变量个数
F 统计量	14.05083	1
临界值边界		
显著性	I（0）边界	I（1）边界
10%	4.04	4.78
5%	4.94	5.73
2.50%	5.77	6.68
1%	6.84	7.84
T 统计量	3.558605	1
临界值边界		
显著性	I（0）边界	I（1）边界
10%	−2.57	−2.91
5%	−2.86	−3.22
2.50%	−3.13	−3.5
1%	−3.43	−3.82

数据来源：运用 Eviews10.0 计量软件计算所得。

从检验结果可以看出，F 统计量的值为 14.05083，超过了 10%、5%、2.5% 和 1% 临界值的边界，拒绝变量间无协整关系的原假设，接受备择假设，认为变量间存在一个长期稳定的协整关系。T 统计量的值为 3.558605，超过了 10%、5%、2.5% 和 1% 临界值的边界，长期关系显著。均衡关系方程为

$$LY_t = 0.5250\, LX_{1t} + \mu_t$$

$$(4.1)$$

（三）结果分析

利用 2006—2021 年数据进行效应分析，可以看出现有农业补贴对绿色农业发展影响波动较大，分析其原因，主要有两个方面：其一，自 2001 年起，中央财政开始逐步完善对农民的直接补贴政策，补贴范围逐步扩大，涉及面越来越广，补贴规模也逐年增加，2006 年我国全面取消农业税，开始实施农资综合补贴，以粮食直补、农资综合直补、良种补贴和农机购置补贴为主的农业补贴政策，农业补贴逐年上升。这对于保障农业生产者收入、缓解农业生产者生产压力，对于促使农业生产者响应国家号召，积极转变生产方式，促进绿色农业发展，起到了正向推动作用。2016 年，继农业改革后，中央农业补贴政策又做出重大调整，主要体现在对农业综合补贴的完善，其中农作物良种补贴、种粮农民直接补贴和农资综合补贴合并为农业支持保护补贴。截至 2023 年，中央农业相关转移支付 2115 亿元，确保粮食安全。其二，我国农业补偿机制还在逐步完善。农业"四补贴"政策并未向绿色农业倾向，但是逐步开展的退耕还林补贴、土壤有机质提升补助、草原生态保护补助等生态补贴和农业保险补贴，这些补贴项目对绿色农业发展的促进作用巨大。因此随着政策的逐步完善，全面实施农业补贴，绿色农业的外部成本内部化会得到适当解决，同时绿色农业生产者的收入将会得到保证，因此随着逐步农业补贴向绿色农业发展方向的倾斜，农业补贴对绿色农业发展的促进作用，将会逐年扩大，研究绿色农业补偿机制对绿色农业发展的促进作用将更为必要。

第三节 绿色农业补偿对农业绿色生产效率 （AGTFP）的效应分析

一 研究假设

农业补贴在技术、资金、方向上对农户提供了极大帮助，激发了农民生产积极性，但同时也助长了农户对化肥、农药、农膜等的过量施用，既存在正向激励，又产生负面影响。已有的关于财政支持对生产效率影响的研究，因为指标选取与测算方法不同，得出的结论也不尽相同，沈能和张斌（2015）通过测算得出财政支持对农业绿色生产率产生负向影响，认为财政支持对化肥农药等的负向激励大过正向影响，本节研究的是农业绿色生产效率，从事绿色粮食生产的农户必须遵循绿色农业化肥、农药使用准则，因此制约了绿色农户生产行为，即使补贴额度增加，也不能将补贴过量应用于有害化肥、农药、农膜等的使用，这样便削弱了负面影响，据此可以提出假说：

农业补贴对农业绿色生产效率产生正向影响。

为研究绿色农业补偿对农业绿色生产效率影响程度，本书建立计量模型，把农业绿色生产效率作为被解释变量，农业补贴作为解释变量，探索其中影响关系。

$$GAP_t = \alpha_0 + \alpha_0 X_{1t} + \varepsilon_t \qquad (4.2)$$

式（4.2）中，GAP_t 表示第 t 年农业绿色生产效率，X_{1t} 分别表示第 t 年农业补贴，α_0 为常数项，α_1 为待估参数，ε_t 代表随机扰动项。

二 指标选取及数据说明

选取农业绿色生产效率（GAP）作为被解释变量。由于农业补贴统计口径发生变化，故选取 2006—2021 年农业补贴作为解释变量，数值整理结果如表 4 – 5 所示。

表4-5　　　　　　　　　技术效率及农业补贴金额

年份	技术效率	农业补贴（亿元）
2021	1.000000000	1395
2020	0.857383242	1375
2019	0.742682826	1385
2018	0.646193984	1379
2017	0.586900284	1391
2016	0.552541807	1442.5
2015	0.508481839	1469.2
2014	0.471360067	1443.66
2013	0.450660566	1406.02
2012	0.41435702	1452.4
2011	0.369649435	1234
2010	0.329270866	1086.8
2009	0.273050433	1115.5
2008	0.257786599	887.2
2007	0.231665714	458.4
2006	0.205699268	285.5

数据来源：2006—2015年农业补贴来源于对2007—2016年《中国农业发展报告》中农业和农村政策实施情况的整理，2016—2021年农业补贴来源于农业农村部公开信息。

三　结果分析

由于农业绿色生产效率介于0到1之间，本书运用Eviews10.0进行Tobit回归分析考察农业补贴对农业绿色生产效率的影响，最终测量结果如表4-6所示。

表4-6　　　　　　　　　Tobit回归分析结果

Variable	Coefficient	Std. Error	z-Statistic	Prob.
X_1	0.000361	0.0000962	3.746354	0.0002

数据来源：运用Eviews10.0计量软件计算所得。

GAP 与解释变量 $X.T.$ 间存在唯一的线性关系，方程为：

$$GAP_t = \alpha_0 + 0.000361X.T. + \varepsilon_t \qquad (4.3)$$

由表4—6中数据可知，农业补贴对农业绿色生产效率的影响系数为正的0.000361，p 值小于0.01，说明农业补贴支出显著正向影响农业绿色生产效率，合理的农业补贴能够促进农业绿色生产效率的提高。

从绿色农业补偿长期效应来看，农业补贴的影响系数为0.5250。绿色农业补贴对绿色农业发展水平和农业绿色生产效率均具有正向的促进作用。由此可见，通过加大绿色农业补贴规模，利于农业生产者选择绿色农业生产模式，实现了风险共担，能够促进农业绿色生产率的提高，进而提高农业生产力，推动了绿色农业的发展。

第四节　有关绿色农业补偿的政策建议

从农业补贴的长期效应可知，农业补贴规模对绿色农业发展水平存在正向作用，因此加大我国绿色农业补偿力度，有利于促进绿色农业规模扩大，促进绿色农业发展。农业补贴作为促进农民增收，推动农业发展的主要原动力，应当合理化其结构及作用机制，激发补贴积极效应，抑制补贴消极影响，使绿色农业在中国大放异彩。特从以下几个方面提出相应建议。

一　促进财政政策向绿色农业倾斜

一直以来，我国在减轻农业生产者负担和提高农业收益上不断进行制度改革，农业补贴政策也在向农业生产各领域覆盖，力求提高农业生产者收入水平和推进农业可持续发展。2002年后，我国开始推行新型农业补贴政策，补贴政策以深化农村改革、支持粮食生产、促进农业生产者增收农业补贴政策（Yanqi Wang、Xiuyi Shi，2020）。随着近年来我国在脱贫工作中的大量投入，全面改善了农村生产生活，实现了全面脱贫。农业补贴财政支持水平加大，财政政策和财政支持力度的变化，对农业发展的作用在理论和实际中，都得到了证实。

虽然农业补偿的财政政策在一定程度上向绿色农业生产方式转变上倾斜。但是影响农业补贴水平的因素是多方面的，同时绿色农业作为现代农业的主导模式，依然存在比较优势低、发展规模小、资源配置不足的问题。调整农业补偿政策、适当提高绿色农业补偿水平，既能使绿色农业生产者获得合理规模的补偿，促进资源在社会的优化配置（王天穷、严晗、顾海英，2018），也是适应社会发展需要，促进绿色农业发展的理性选择。

二 优化绿色农业补偿结构

我国农业补贴政策在逐步完善，补贴形式也在逐步多样化，现有补贴政策可以分为三大类：一是价格补贴，这种补贴主要体现在国家对粮食的最低保护收购价格上；二是生产资料投入补贴，这种主要体现在我国现行的农业"四补贴"中的良种补贴、农资综合补贴和农机具购置补贴上；三是直接提供的补贴，这种补贴主要体现在粮食直补、灾害补贴上（高强、曹翔，2021）。虽然农业补贴的形式多样，但是依然存在结构不合理、比例不均衡的问题（楚德江，2021），从目前的作用效果来看，农业补贴对促进农业生产较为显著，但对绿色农业发展的影响作用还很有限，为完善绿色农业补偿机制，需要优化绿色农业补偿结构，促进补偿间的综合协调作用，促进整体效能的发挥，提高绿色农业补偿机制的整体作用效果。

绿色农业生产从投入到产出，环节多、周期长、风险大（Shahja-han Ali、Bikash Chandra Ghosh、Ataul Gani Osmani et al.，2021），因此为促进绿色农业发展，绿色农业补偿应真正发挥扶持和促进作用。保证绿色农业与常规农业的收益均等，因此绿色农业补偿方向还应该包括以下几个方面，一是鼓励转变农业方式的补偿；二是促进绿色农业效率的补偿；三是生产投入的补偿；四是外部成本内部化补偿；五是收益补偿。因此为促进常规农业向绿色农业方式转变的发展目标，对农业生产者因此而产生的额外投入和所造成的损失，需要对绿色农业补偿结构进行优化（楚德江，2021），才能促进我国绿色农业补偿的多样性和灵活性，解决现有农业政策的效果的单一。同时对不同类型的补偿进行精确计算（张倩、李怀恩、高志玥等，2019），促进补偿不同方向的比例协调，促进绿色农业补偿结构在纵向和横向上的合理性。

三 完善绿色农业生态补偿政策

绿色农业的外部性体现在公共物品的供给上，绿色农业对生态环境的改善，植被的保护、水土流失的防护等方面的贡献是无偿的（Junhu Ruan、Yuxuan Wang、Felix Tung Sun Chan et al.，2019）。完善绿色农业生态补偿政策是对绿色农业生产者在生态产品和服务提供上支付补偿的制度安排。这将有效激励人们改变常规农业生产方式，增强生态安全意识（François Bareille、Matteo Zavalloni，2020），提高绿色农业的综合效益。因此完善绿色农业生态补偿政策应遵循一定的原则，包含多种补偿结构，制定客观的补偿标准。

绿色农业肩负农业生产与生态环境保护的双重责任（Junhu Ruan、Yuxuan Wang、Felix Tung Sun Chan et al.，2019），绿色农业补偿机制正是缓解负担的有效措施。因此应遵循生态环境改造和维护"多投入，多收益"的原则，积极鼓励农业生产者对生态环境改善的投入，并能很好地解决公共物品的外部性问题。

我国自然生态多样，地区特点不同，在哪些地区、从哪些方面或环节建立补偿机制，需要根据各个地区的特点来制定不同的补偿项目，以保护生态安全、保护绿色农业产品和绿色原材料的安全（楚德江，2021）。如果不根据具体需求进行补偿，而是笼统地进行计算，以单一的金钱或物资的形式来发放；没有进行详细的补偿额度计算，补偿的款项没有根据生产规模、生产难度来计算；这将造成补偿额度配比不合理，生态补贴过于笼统，降低生态环境改善的意愿（张倩、李怀恩、高志玥等，2019）。绿色农业对生态环境的服务是多方面的，因此在完善生态补偿时，应涵盖生态保护、生态修复和生态发展的多种生态服务补偿内容。

四　完善绿色农业补偿法律体系

绿色农业补偿是支持和保护绿色农业发展的最为有效的手段之一（Siyuan Cui、Guangqiao Cao、Xinkai Zhu，2021），然而对于补贴范围、补贴依据、补贴标准等相关事项并未有统一的规定，农业生产者所获得的信息都是零散的，无法获得合法的权益。这些都是由于农业补贴的制度化法律化管理欠缺。

绿色农业补偿机制是一项长效机制，是促进绿色农业快速发展，促进粮食安全、增加农业生产者生产积极性、促进增产增收的有效手段。但是现有农业政策由于缺少法律法规保护（陈诗华、王玥、王洪良等，2022），其作用难以充分发挥，农业生产者的合法权益难以保障，因此有必要完善绿色农业补偿的法律体系建设。

完善绿色农业补偿法律体系（陈诗华、王玥、王洪良等，2022），一方面需要明确国家实施绿色农业补偿的目标，以往我国农业补偿定位于农村的增收增产上，而绿色农业补偿的目标是引导和扶持农业生产方式的转化；另一方面需要明确绿色农业补贴的相关细则，以往我国农业补贴制度性差，补贴细则缺失，柔性大，实施困难，而绿色农业补偿法律体系中，应减少柔性条款，实现具体细致，实施操作方便。总之，完善绿色农业补贴法律体系，能够有效保障绿色农业补贴的权威性，实现绿色农业补贴的制定目标，实现促进绿色农业发展的高效和长效作用。

五　简化农业补贴操作环节

一直以来，农业补偿环节复杂，流程烦琐，补偿的落实情况不是很好，很容易造成钱款截流，使很多农业补偿的资金没有落到实处，无法实现农业补偿目标。甚至出现管理不到位，各部门各行其是，越权管理、推卸责任、明确职责的现象经常出现。同时对补偿环节缺乏监管，监管制度不执行，部门监督不力，致使补偿落空，没有达到补偿的效果，而且还容易造成腐败，失去农业生产者的信任，降低对农业生产的积极性，不利于农业的发展。

因此需对农业补偿环节进行简化，去除复杂烦琐的补偿环节，明确部门责任，减轻政府操作成本，提高补偿落实的速度和办事效率，提高农业补贴的落实效率，确保补贴落实到位。同时加大对补偿款项落实情况的监督，完善补偿监督制度，杜绝补偿款项的截留和延误。

第五章 绿色农业保险机制及效应研究

绿色农业作为现代农业的主导模式，依然无法摆脱"靠天吃饭"的境遇，而生态环境的复杂多变、科技效益的未知、绿色农业产品的市场依赖性，都给绿色农业生产带来极大的不稳定性。在这种天气、生态、科技与市场的不确定性和多重风险下，保障绿色农业生产活动的顺利进行与绿色农业的稳步发展，显得尤为重要。虽然各国开展绿色农业的时期不同、农业保险的完善程度不同，绿色农业保险机制构建的政策也存在差异，但是绿色农业保险机制的重要作用是毋庸置疑的。本书将把国内外富有洞见的研究思路和先进的研究方法有机结合，对绿色农业保险机制进行功能、内涵和原理研究，并对绿色农业保险机制的效用进行估计，同时提出相应建议。

第一节 绿色农业保险机制分析

我国是自然灾害严重的国家之一，农业保险在保障农业生产者不因灾害而减少收益、促进农业可持续发展上起到重要的作用。但是农业保险的经营风险巨大，农业保险经常出现赔付率高、入不敷出的状况，农业生产者出于赔偿的不确定性，不愿支付保费（Peilu Zhang、Marco A. Palma，2021），因此保险公司和农业生产者之间对农业保险，均不热衷（Eric J Belasco、Joseph Cooper、Vincent H Smith，2020），农业保险开展规模非常有限。

绿色农业保险机制将有效促进绿色农业保险健康发展，促进绿色农业保险积极发挥分散风险、保护绿色农业生产者合理收益、稳定农村经济和社会安定的"稳定器"的作用。

一 绿色农业保险机制的功能

绿色农业是可持续农业的主导模式，从 2003 年起，国家开始大力推动绿色农业。在发展初期，农业生产者从事绿色农业生产的意愿并不强烈和坚定，任何风险和损失都将动摇农业生产者绿色生产的意愿。从 2004 年开始，连续 10 年的中央一号文件，都对发展农业保险提出不同的要求，农业保险问题已经受到我国政府的高度重视。而绿色农业产业具有常规农业的一般性和生态要求的特殊性，比常规农业在技术、生产、环境、资源投入等因素方面的制约要多，风险也更大（王彬彬、李晓燕，2019），将面临更大的自然风险、生态风险、技术风险和收益风险。

绿色农业生产本身更严重依赖天气状况，而气候变化潜在地更为显著地改变着部门生产力（Maria Caria、Giuseppe Todde、Antonio Pazzona，2019）。我国自然灾害发生频繁，严重影响绿色农业生产的稳定与产业发展。在生态环境的改善无法预见的今天，生态环境的不确定性和风险性，使绿色农业面临的生态风险更大。在我国也出现过投入新品种，造成农业颗粒无收的情况。虽然我们可以加强科技实验，来降低技术使用的不确定性，但是对于投入期长，需要依靠比传统农业更多的技术创新，绿色农业模式的采用仍会是农业生产者的顾虑（Peilu Zhang、Marco A. Palma，2021）。高投入、低产出、收益未知，使农业生产者对绿色农业望而却步。从多年来我国绿色食品国外销售的状况来看，国际销售也阻力重重。市场风险的巨大障碍和国际市场的风云变幻都加大了绿色农产品面临的收益风险。

面对绿色农业的诸多风险，绿色农业保险机制功能将更为突出地体现在通过制定符合绿色农业发展的保险项目，完善风险体系，来规避绿色农业生产风险。通过对风险评估，设计合理险种，规避风险、分担风险、减轻风险（Lv Liu、Zhang Yanli、Huang Qingjie，2019）的

绿色农业发展机制研究

影响，有效地应对绿色农业所面临的诸多自然风险，促进绿色农业发展。为此将借鉴国外有机农业保险模式，提供生态风险评估，制定合理的生态保险赔偿标准，有效降低生态环境对绿色农业的影响，降低绿色农业生态风险。提高保险保障作用，引导社会支持科技创新，使支撑绿色农业产业化发展的科研人力资源、科研财力资源不断集聚在绿色农业产业链条上，弱化科技风险，化解科技风险的不良影响。将绿色农业保险逐步市场化、国际化，对绿色农业的市场风险进行评估，设计越来越多的以市场为基础的保险产品，保障绿色农业生产者的合理收益。

因此，绿色农业保险机制将有效低各种风险对绿色农业的不良影响，保护绿色农业生产者的收益，提高农业生产者的生产积极性，吸引更多的农业生产者选取绿色农业生产模式。它将从风险规避、保障收入、促进资源流入等多个方面保障绿色农业的资源投入和成果产出，促进产品结构改变，避免农业危机，确保有效风险共担（肖宇谷、杨晓波、齐纪元，2022），推动资源的优化配置，从而促进绿色农业市场化（Natalia Vdovenko、Oleksii Tomilin、Liubov Kovalenko et al.，2022），是我国绿色农业发展现阶段的重要保障，并将更好地促进绿色农业产业发展。

二 绿色农业保险机制的内涵

我国现行农业保险政策对常规农业和绿色农业并未在险种和赔偿上有所区别，同时绿色农业保险的主客体意愿均不强烈，农业保险的主体很有限，参与的保险公司很少；绿色农业生产者出于保险赔偿的不确定性，投保意愿并不强烈，因此绿色农业保险的供需均处于较低水平，难以发挥作用。为促进绿色农业快速而稳定增长，最大限度地规避绿色农业风险，避免绿色农业生产出现大的波动，应积极完善绿色农业保险机制。绿色农业保险作为一种重要的非价格农业保护工具，能有效分散绿色农业风险和降低损失（王思怡、张启文、刘畅，2023）。绿色农业保险政策有利于引导常规农业模式向绿色农业模式的转变，促进绿色农业发展（庹国柱，2019）。

绿色农业保险机制的主体是保险公司，客体是绿色农业生产者。像其他发达国家的农业保险一样，我国农业保险依然需要政府的引导和扶持，需要法律的支持和保护（Khafizova Zulfiya Kholmuratovna，2021）。为促进绿色农业保险机制发挥积极作用，政府依然处于主导地位（何小伟、曹杨、刘怡鑫，2022），需要以合理的制度安排来诱导行为主体和客体积极参与农业保险。因此应根据机制设计原理，发挥机制的激励作用，促使政府、保险公司与绿色农业生产者三方激励相容，保证绿色农业保险健康发展。

首先，绿色农业保险作为市场商品的一部分，其市场的供给与需求仍然符合市场调节规律。由于市场运行能力不足，实施政府的主导运作方式。在绿色农业保险中进行宏观调控，负责对绿色农业保险进行全面规划，针对绿色农业的特殊性，政府实施扶持，促进市场运行的良性运转，合理补贴，提高绿色农业保险的主体和客体的强烈供需意愿，保障绿色农业保险的有效需求和供给，才能促使绿色农业保险发挥积极作用。因此，政府的引导和扶持是绿色农业保险机制的基础条件和必要条件。

其次，绿色农业面临的风险种类多，保险公司应首先对绿色农业风险进行科学评估。同时原有农业保险的险种产品无法实现对绿色农业的风险保障，因此应针对绿色农业风险特点，制定合理的险种和赔偿标准。从农业保险的提供层面看，供给并不积极，主要原因是巨大的风险赔偿使保险公司望而却步，因此需要建立绿色农业利益相关系统，实现风险共担，保障绿色农业保险供给。绿色农业风险评估、险种设计、风险共担三个部分是紧密联系的，有严格的逻辑次序。

最后，任何种类保险，都应将降低道德风险和健全法制作为重要环节，因此对绿色农业保险规则和条款的制定与执行等进行监督管理，是绿色农业保险的重要保障。

因此，结合我国绿色农业发展的实际情况，对比我国农业保险制度，以实现绿色农业保险机制功能为目的，强调机制间的相互补充、制约关系，科学设计绿色农业保险机制。绿色农业保险机制的六个方面是相互作用、相互交融在一起的，是联系紧密的整体。构建机制框架如图 5 - 1 所示。

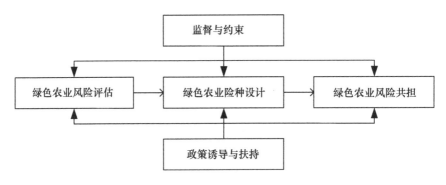

图 5 - 1　绿色农业保险机制

三　绿色农业保险机制的构成

（一）绿色农业风险评估

农业风险具有突发性、信息缺失性和危害延伸性（刘景景、钟晓萍、钱龙，2023），因此一直对风险预警缺乏重视，缺少风险发生数据、地理信息、市场价格波动数据等历史信息。对风险的评估与预防严重不足。

面对绿色农业生产风险的增大与集中，应加大风险管理力度，规避自然风险，稳定和扩大绿色农业生产投入；增强农业生产者的市场意识，积极主动规避市场风险，稳定绿色农业收入；降低生态风险给绿色农业带来的制约（Xianliang Wang、Xiangcai Zhang、Xiaona Lin，2020），更好地改善生态环境；弱化科技风险，化解产量不确定、效果未知的科技风险，促进农业科技资源在绿色农业生产领域的应用。因此构建风险管理机制，以对风险进行规避，消除社会资源向绿色农业流入的风险障碍（何军、王越，2020），引导社会支持科技创新，使支撑绿色农业产业化发展的科研人力资源、科研财力资源不断集聚在绿色农业产业链条上。

完善风险评估体系，建立风险数据库，建立合理的绿色农业风险评估制度，应充分考虑绿色农业风险的类型和风险特征（Eric M. Ojala，2021），做好风险评估，以规避绿色农业生产风险、提高农业生产者的生产积极性、吸引更多的农业生产者选取绿色农业生产模式。以促进绿色农业增收、发展为主要目标，促进政府、保险公司、农业生产者等各主体的利益均衡和利益协同。实现保险公司对绿色农业保险产品的充足供给，以及绿色农业生产者对绿色农业产品保险的有效需求，促进绿色农业保险市场的有序运作。建立和设计符合绿色农业发展的保险项目，完善绿色农业风险的评估和巨灾分散体系，充分调动和调整各利益主体对绿色农业风险的防范。

（二）绿色农业险种设计

绿色农业虽然在科技创新方面有了很大进步，同时通过扩大经营承包范围、采用新品种生产，在很大程度上抵消了自然灾害对农业生产的影响，但是，农业仍未摆脱"靠天吃饭"的局面，大范围的、全局性的自然灾害还强烈地冲击着农业和农村经济乃至整个社会的发展。因此农业保险还应该广泛存在，并延伸到较广的覆盖面。

绿色农业由于有别于其他农业生产方式，生产中遇到的风险也与其他农业生产模式不同，因此为发展绿色农业，需要设计专门的保险险种。险种的设计应体现绿色农业发展的需要，解决绿色农业生产者的保险需求。农业生产者是面临风险的主体，农业生产者的保险需求是农业保险的基础。如果险种的设计，不能满足绿色农业生产者的风险保障需要，那么绿色农业保险必然不可持续。因此，充分了解绿色农业生产的风险及保障需求，并将其与政府的产业政策导向结合起来，设计合理的险种，制定合理的赔偿标准，绿色农业生产者才有参保的积极性，运作的成本才能降低，这是发展农业保险的重要课题。

（三）绿色农业风险共担

农业风险的种类繁多、范围广、程度深，而且在我国农业灾害频发，因此容易造成重大的经济损失和深刻的社会影响。同时，由于自然灾害的影响，使得农业风险具有集中性，在发生风险时，往往会出现重大损失和巨额赔偿的现象。单纯以营利为目标的商业保险难以或不愿意涉足农业保险领域。

基于绿色农业保险的特殊性，风险的严重性，后果的深远性，风险共担是必不可少的。在政府扶持的基础上，广泛吸收各方力量，吸引绿色农业的利益相关者共同承担绿色农业风险带来的损失。各方实行风险共担，避免发生由于财力不足，而造成绿色农业保险停滞不前，从而影响绿色农业发展的不利局面。因此各级政府应充分认识到绿色农业保险的重要性，充分发挥其在绿色农业保险中的推动作用，加强绿色农业保险的政策性引导，充分而有效地整合各种支农政策资源，实现风险共担的合作制度，从而使各种风险造成的绿色农业损失降为最低。

（四）政府诱导和扶持

国内外的研究均用实践和理论来证明，政府在农业保险中的诱导与扶持，更有利于农业保险市场的形成与发展，调动市场调节能力，发挥市场运作效率，调节绿色农业保险的范围和深度，促进农业保险保障作用的发挥（魏腾达、张峭，2023）。绿色农业保险与其他保险相比，保险公司的风险极大，因此仅仅依靠绿色农业生产者与保险公司来分担风险，是很局限的，在绿色农业保险完善初期，离不开政府的适当引导和扶持。

近年来，我国农业保险密度、深度、广度也获得较快增长（华坚、杨梦依，2023），但农户的投保积极性不高，2020年参保人数仅为1.89亿户，影响农业保险发挥作用（华坚、杨梦依，2023）。我国现有农业保险补偿政策有效分担了农业生产者的保费支出负担，促进了农业保险的需求。然而在这样的保险补贴下，农业生产者的参保率依然很低，效果并不明显。因此面对绿色农业生产的高风险，如何引导绿色农业生产者选择合适的农业保险产品，进行参保，就显得非常有必要。在此给出大胆假设，假设对绿色农业的保费支出全部由政府支出，则在这种情况下，绿色农业生产者会极大提高参保积极性，下面将该模式与常规农业保险补贴模式用博弈模型进行分析和比较。

1. 模型假设

假设1：博弈人为绿色农业生产者与履行监管职责的政府。假设博弈双方都是理性的，目标是各自收益最大化。

假设2：政府对绿色农业保险的扶持办法，有采用常规农业保费补贴办法和采取全额补贴办法两种方式。农业劳动者有参保和不参保两种策略。

假设3：农业生产者按绿色农业方式进行生产时，不受灾时其收入为 R，受灾时收入为 R_0，常规保费支出为 C。

假设4：农业生产者按绿色农业方式进行生产时，预计受灾概率为 α（$0 \leqslant \alpha \leqslant 1$），不受灾的概率为 $1-\alpha$，保险后损失赔偿率为 β（$0 \leqslant \beta$）。

其中：

R：不受灾时，绿色农业生产者的收入。

R_0：受灾时，绿色农业生产者的收入。

C：常规保费支出。

α：绿色农业生产受灾概率。

β：绿色农业保险赔偿率。

2. 博弈分析

通过上面的假设条件，仅考虑在政府采取两种方式下，绿色农业生产者从收益最大化的角度考虑，而选择的策略，收益矩阵如表5-1所示。在政府对绿色农业依然实施常规农业保险补贴模式时：绿色农业生产者参保的收益是 $\alpha R + (1-\alpha)[(R-R_0)\beta + R_0] - C$，不参保的收益是 $\alpha R + (1-\alpha) R_0$。由于在目前我国现有常规农业保险补贴模式下，绿色农业生产者参保的保费 C，实际上由省级政府、地方政府和绿色农业生产者来承担，多数地区农业生产者的保费支出仅占保费的 20%，依然无法判断 C 与 $(1-\alpha)(R-R_0)\beta$ 之间的大小，因此绿色农业生产者是否选择参保，主要取决于风险概率和损失的大小，也就出现了农业生产者参保率仅占70%的结果。

在政府对绿色农业实施保费全额补贴时：绿色农业生产者参保时，收益为 $\alpha R + (1-\alpha)[(R-R_0)\beta + R_0]$，不参保时收益为 $\alpha R + (1-\alpha)R_0$，参保时由于存在受灾赔偿，因此参保收益大于不参保收益，绿色农业生产者选择参保。

而当绿色农业生产者在不同保险补贴模式下，面临常规农业保险补贴模式，收益为 $\alpha R + (1-\alpha)[(R-R_0)\beta + R_0] - C$，在政府全额补贴模式下，收益为 $\alpha R + (1-\alpha)[(R-R_0)\beta + R_0]$，很明显，全额补贴模式下，绿色农业生产者的收益更大，农业生产者选择全额补贴模式，实行参保。

表 5 - 1 农业生产者的收益矩阵

	常规农业保险补贴模式	政府对绿色农业保险全补贴模式
参保	$\alpha R + (1-\alpha)[(R-R_0)\beta + R_0] - C$	$\alpha R + (1-\alpha)[(R-R_0)\beta + R_0]$
不参保	$\alpha R + (1-\alpha)R_0$	$\alpha R + (1-\alpha)R_0$

因此，当绿色农业生产面临常规农业保险补贴模式，依然会对保费支出与风险的概率进行比较，只有在政府对保费全部补贴模式下，绿色农业生产者才会选择参保，才能做到绿色农业保险全覆盖，使绿色农业保险真正起到化解风险的作用。

政府诱导和扶持的新模式，充分考虑绿色农业保险的复杂性和特殊性，对绿色农业保险发挥积极的方向引导作用，对全国绿色农业保险进行合理规划（宋凌峰、马莹、肖雅慧，2023），对绿色农业保险大力扶持，弥补市场自我调节的缺陷，提高绿色农业保险公司的积极性，保险公司充分发挥保险机制主体地位，通过政府的引导与协调，保护绿色农业生产者收入，保护绿色农业保险市场，降低市场成本，保护各方利益。它能够促进绿色农业保险市场健康发展，促进市场均衡，促进绿色农业发展。因此，通过对农业保险产品的合理设计，保险制度的有效制定，平衡绿色农业保险的成本收益；通过积极推行政策性绿色农业保险项目，提高绿色农业保险的范围（王思怡、张启文、刘畅，2023）；通过制定绿色农业保险保费的全额补贴制度，降低绿色农业保险成本，减轻绿色农业生产者负担，提高参保意愿；通过逐步组建专项性农业保险公司，制定绿色农业保险专项资金政策，降低保险公司风险，提高绿色农业保险深度和广度。

（五）监督与约束

绿色农业保险保障作用的发挥，离不开制度的监督和法规的约束。绿色农业保险具有保险主体多、业务分散、项目繁杂、供应或需求条件下的信息不对称和不完整（Marcela Casali、Bruna Sesco de Mendonca、Marcel Moreira de Brito，2020）的特点，农业生产者在自然灾害面前主动防灾自救的积极性差异较大，绿色农业保险开展的障碍较多，需要建立合理的监督与约束机制。

进行合理的监督与约束，严格约束保险参与者行为，制定相应风险项目的评估标准，可以降低道德风险，促进绿色农业保险机制的完善，保障市场有序运行。健全绿色农业保险法规体系，完善农业保险法规建设，规范保险行为，从而加大对绿色农业保险的监管约束力度。

综上所述，绿色农业保险机制能够从风险规避、保障收入、促进资源流入等多个方面保障绿色农业的资源投入和成果产出，促进产品结构改变，避免农业危机，确保有效风险共担，推动资源的优化配置，从而促进绿色农业市场化（Natalia Vdovenko、Oleksii Tomilin、Liubov Kovalenko et al.，2022），是我国绿色农业发展现阶段的重要保障。绿色农业保险作为绿色农业发展的基本机制，能够有效地应对绿色农业所面临的诸多未知情况。制定合理险种，健全农业保险制度，加强绿色农业保险管理，将为促进绿色农业发展提供有力保障。因此为促进绿色农业快速而稳定增长，最大限度地规避绿色农业风险，避免绿色农业生产出现大的波动，建立完善的绿色农业保险机制至关重要。绿色农业保险机制的构建需要符合我国绿色农业发展的长期目标。

第二节　绿色农业保险长期效应分析

绿色农业保险机制应在现有农业保险机制的基础上不断完善。农业保险对于生产规模和产量的影响一直都没有得到明确的结论（Liudmyla Dorohan-Pysarenko、Rafal Rebilas、Olena Yehorova et al.，2021），而国内关于农业保险对于生产规模和产量的影响的研究也尚属空白（黄泽颖、张莹、李向敏、苗水清，2019）。一个国家农业保险最重要的衡量要素是农业保险规模，因此本节试图探求农业保险规模对绿色农业发展水平的效应，运用农业保险规模和绿色农业发展水平两个指标的时间序列数据，分析全国农业保险政策整体对绿色农业发展水平的影响效应，并对效应结果进行分析说明。

一　研究方法：时间序列分析

国内外学者在农业风险和农业保险的研究上，使用时间序列分析方法来解释长期的影响作用。Naohiro Manago、Chiharu Hongo、Yuki Sofue 等（2020）通过对时间序列数据，研究了农业保险系统对受洪水、干旱、病虫害影响的水稻生产者进行损失评估的精度。Harun Bulut（2020）采用时间序列，分析了农业补贴政策对企业单位在买断亩数内的份额产生影响。本书也选用时间序列分析方法，进一步验证农业保险对绿色农业发展的长期效应。

二　数据来源与指标选取

第一，数据来源。由于2007年前，政策性农业保险保费并未全面实施，数据资料不够完备，因此本书选取2007—2021年农业保险保费收入，样本数据15个，数据参见表5-2；当年认证绿色食品产品数选择同一时间周期数据，即2007—2021年全国绿色食品当年认证绿色食品产品数，数据参见表5-2。由于数据的自然对数变换，能够使趋势线性化，并消除时间序列的异方差，故对数据取自然对数，数据如图 5-2 所示。

表 5-2   当年认证绿色食品产品数及农业保险保费收入统计

年份	当年认证绿色食品产品数（个）	农业保险保费收入（亿元）
2007	6263	53.3
2008	5651	110.7
2009	5865	133.9
2010	6437	135.9
2011	6538	174.0
2012	6796	240.6
2013	6902	306.6
2014	8826	325.8
2015	8228	374.9
2016	8930	417.7
2017	10093	478.9
2018	13316	572.7
2019	14699	672.5
2020	16863	814.9
2021	21638	975.8

数据来源：当年认证绿色食品产品数来源于 2008—2022 年《绿色食品统计年报》；农业保险保费收入数据来源于 2008—2022 年《中国统计年鉴》。

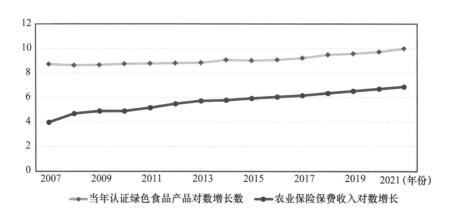

图 5-2   当年认证绿色食品产品数、农业保费收入对数

数据来源：农业保险保费收入来源于 2008—2022 年《中国统计年鉴》；当年认证绿色食品产品数来源于 2008—2022 年《绿色食品统计公报》。

第二，指标选取。由于本部分研究目的在于实证农业保险规模与绿色农业发展水平之间的内在关系，以此来论证农业保险对绿色农业发展的影响，所以选取绿色农业发展水平和农业保险补贴规模、农业保险规模作为主要指标。表5-3归纳了主要指标及其经济含义。

表5-3 主要指标及其经济含义归纳

指标名称	衡量要素	要素诠释	序号
绿色农业发展水平	当年认证绿色食品产品数（Y）	根据当年认证绿色食品产品数来反映绿色农业发展水平	1
农业保险规模	农业保险保费收入（X_1）	即农业生产者每年投保的农业保险费用总和，可反映农业保险规模的状况	2

上述指标中，分为自变量指标和因变量指标。其中因变量指标为绿色农业发展水平，自变量指标为农业保险规模。

绿色农业发展水平的内涵已于第四章表4-1处说明。

农业保险规模：反映农业保险投保情况。本书将直接采用国内外通用的农业保险保费收入来反映。

三 模型与估计结果分析

（一）单位根检验

运用 Eviews10.0 计量软件，分别对 LY、LX_1 的单位根进行检验，以确定所选变量的时间序列平稳性，检验结果如表5-4所示。可以看出，变量 LY 的水平序列不能拒绝单位根假设，说明这些变量的水平序列非平稳的，一阶差分序列拒绝了单位根假设，说明一阶差分序列都是平稳的。

（二）协整检验

由单位根检验，可以知道 LY、LX_1 两个变量是 I（1）过程，即一阶单整变量，所以可以进行协整分析来验证被解释变量与解释变量间是否存在长期协整关系。首先进行 Johansen 协整检验，检验结果如表5-5所示。

表 5 - 4 单位根检验结果

变量	检验类型（C、T、K）	ADF 统计量	1% 临界值	D. W 值	结论
LY	（C，T，1）	1.368987	-5.124875	2.475767	不平稳
ΔLY	（C，T，1）	-4.190022	-5.124875	1.855887	平稳
LX_1	（C，0，1）	-2.382167	-4.004425	1.316694	不平稳
ΔLX_1	（C，0，1）	-4.916980	-4.121990	1.338940	平稳

数据来源：运用 Eviews10.0 计量软件计算所得。

表 5 - 5 Johansen 协整检验与协整方程

特征根	最大特征根统计量（P 值）	5% 临界值	假设的协整方程数
0.782016	18.27999（0.0110）	14.26460	没有
0.325367	4.723029（0.0298）	3.841466	最多一个

数据来源：运用 Eviews10.0 计量软件计算所得。

Johansen 的最大特征根统计检验结果表明，在 5% 的显著性水平下，被解释变量 LY 与解释变量 LX_1 间存在唯一的协整关系，建立长期均衡方程为：

$$L Y_t = -6.044553 + 4.803567 LX Y_t + 0.050844\Delta L Y_{t-1} - 0.049470\Delta L X_{t-1} \qquad (5.1)$$

由方程（5.1）可以看到：LY、LX_1 存在长期均衡关系。从协整方程中可知，绿色农业发展水平存在滞后效应，滞后期为一期，上一个时间点对当期的影响效应为 0.050844，即上期绿色农业发展水平增加会对当期产生正向促进作用。当期农业保险规模对绿色农业发展水平作用明显，起正向作用，系数为 4.803567，上期农业保险水平的负向作用不明显，系数为 -0.049470。

（三）结果分析

利用 2007—2021 年数据进行效应分析，可以看出现有农业保险机制对绿色农业发展具有促进作用，且效果明显，分析原因主要有两个方面问题：其一，农业保险规模不断扩大，绿色农业发展水平也随着农业保险政策的变化而变化，与绿色农业发展的增长方向是一致的，农业保险规避风险的作用有所体现。其二，从实际经济意义角度看，对绿色农业生产，农业保险保费收入在一定程度上起到了风险分散、损失补偿的作用。因此促进作用从数理关系上得到了认证。但是现有农业保险政策在险种划分和保险强度上，并没有真正区别于绿色农业和常规农业，并未在数据上对绿色农业保险单独体现，因此拿整体的农业保险保费收入来评价对绿色农业的作用效果，势必会得到与实际数据偏小的结果。但是计量结果依然帮助我们界定了农业保险对绿色农业发展的作用方向，同时也呈现出绿色农业保险机制更为突出的问题。

第三节　绿色农业保险对农业绿色生产效率（AGTFP）的效应分析

一　研究假设

农业保险保费收入可以保障农业生产水平，为农户提供风险保障。农业保险保费收入在技术、资金、方向上对农户提供了极大帮助，激发了农民生产积极性，但同时也助长了农户对化肥、农药、农膜等的过量施用，既存在正向激励，又产生负面影响。本节研究的是绿色农业生产效率，从事绿色粮食生产的农户必须遵循绿色农业化肥、农药使用准则，因此增加了农户的生产风险，制约了绿色农户生产行为，但是农业保险保费收入可以保障农业生产水平，为农户提供风险保障。农业保险保费收入在技术、资金、方向上对农户提供了极大帮助，激发了农民生产积极性。这样便削弱了负面影响，据此可以提出假说：

农业保险保费收入对农业绿色生产效率产生正向影响。

为研究绿色农业保险对农业绿色生产效率影响程度，本书建立计量模型，把农业绿色生产效率作为被解释变量，农业补贴作为解释变量，探索其中影响关系。

$$GAP_t = \alpha_0 + \alpha_1 X_{1t} + \varepsilon_t \qquad (5.2)$$

式（5.2）中，GAP_t表示第 t 年农业绿色生产效率，X_{1t} 分别表示第 t 年农业保险保费收入，α_0 为常数项，α_1 为待估参数，ε_t 代表随机扰动项。

二 指标选取及数据说明

选取农业绿色生产效率（GAP）作为被解释变量。此外，由于 2007 年前，农业保险保费并未全面实施，故选取 2007—2021 年农业保险保费收入作为解释变量，数值整理结果如表 5－6 所示。

表 5－6　　　技术效率及农业保险保费收入数额

年份	技术效率	农业保险保费收入（亿元）
2021	1.000000000	975.8
2020	0.857383242	814.9
2019	0.742682826	672.5
2018	0.646193984	572.7
2017	0.586900284	478.9
2016	0.552541807	417.7
2015	0.508481839	374.9
2014	0.471360067	325.8
2013	0.450660566	306.6
2012	0.41435702	240.6
2011	0.369649435	174
2010	0.329270866	135.9
2009	0.273050433	133.9
2008	0.257786599	110.7
2007	0.231665714	53.3

数据来源：2008—2022 年《中国财政年鉴》。

三 结果分析

由于农业绿色生产效率介于 0 到 1，本书运用 Eviews10.0 进行 Tobit 回归分析考察农业保险保费收入对农业绿色生产效率的影响，最终测量结果如表 5-7 所示。

表 5-7　　　　　　　　Tobit 回归分析结果

Variable	Coefficient	Std. Error	z-Statistic	Prob.
X_1	0.000818	0.0000171	47.71005	0.0000

数据来源：运用 Eviews10.0 计量软件计算所得。

GAP 与解释变量 X_1 间存在唯一的线性关系，方程为：

$$GAP_t = \alpha_0 + 0.000818X.T. + \varepsilon_t \tag{5.3}$$

由表 5—7 中数据可知，农业保险保费收入对农业绿色生产效率的影响系数为 0.000818，p 值小于 0.01，说明农业保险保费收入显著正向影响农业绿色生产效率，合理的农业保险保费收入能够促进农业绿色生产效率的提高。

从绿色农业保险长期效应来看，农业保险保费收入与绿色发展水平存在长期均衡关系。绿色农业保险对绿色农业发展水平和农业绿色生产效率均具有正向的促进作用。由此可见，通过加大绿色农业保险规模，可以保障绿色生产风险，实现了风险共担，促进绿色农业发展水平和农业绿色生产率的提高，推动了绿色农业的发展。

第四节　有关绿色农业保险的政策建议

从绿色农业保险的长期和生产效率的效应分析，可知，农业保险对绿色农业发展具有促进作用，因此促进绿色农业保险规模将加大绿色农业的规模扩大，而我国从现有农业保险机制来看，农业保险的政策支持、市场运行、风险管理以及监督约束等方面均受到农业保险规模的影响，因此需要从以下几个方面提出建议。

一　加大政府对绿色农业保险的支持力度

我国 2007 年正式推行政策性农业保险，并开始推行农业保险试点，实证中可以看出，对绿色农业保险发挥了组织、协调、宣传和推动作用。但随着农业的飞速发展和保险的逐步深入，对绿色农业保险的补贴资金管理制度、巨灾风险分散制度、考核激励制度、经营管理规范及监督机制的建设任务提出了更高的要求。这些方面也是影响绿色农业保险持续发展的重要因素，这仍明确政府在绿色农业保险中的重要地位，积极主动作为，借鉴发达国家农业保险发展经验，完善政策支持体系，提高绿色农业保险经营管理水平。同时，政府应积极鼓励保险公司开发针对绿色农业产品的保险项目，对此类产品予以政策支持。

二　完善绿色农业保险市场运行体系

绿色农业具有农业的一般性和特殊性，面对的自然风险和市场风险将比常规农业更为严峻。自然风险对于农业生产者造成的收入变化的影响巨大，同时农业生产者收入多样化的途径也极其有限（Maria Caria、Giuseppe Todde、Antonio Pazzona，2019）。现有保险制度在农业生产的安排中未能确保有效的风险分担（A. Ford Ramsey、Barry K. Goodwin，2019），因此以市场为基础的风险保险管理范围应适当加大。尤其是绿色农业发展的逐步市场化、国际化，越来越多地依赖于以市场为基础的保险产品。

绿色农业保险的市场运行体系，是绿色农业保险主体以市场为依托，在没有政府的介入扶持下，独自运行发展的商业化运行机制。在市场经济条件下，绿色农业保险事业也要服从市场经济的运行规律。因此，寻求绿色农业保险的可持续发展，要从提高绿色农业保险的有效需求与供给、保持绿色农业保险市场的良性竞争、制定合理的激励政策等方面入手，形成一套完善的市场运行体系。因此调整保险结构，加大补贴农业保险保费的险种目录，采取强制保险与诱导保险相结合等方式将会极大地促进农业保险事业的发展，保障绿色农业生产稳定和提高绿色农业生产者收入，促进绿色农业的持续健康发展。

三 建立有效的绿色农业巨灾风险分散体系

建立有效的巨灾风险分散体系是保证绿色农业保险可持续发展的重要制度安排，这一点已从政策性绿色农业保险几年的试点经验中得到印证。因此，应立足我国的实际情况，借鉴国外巨灾保险制度模式，发挥政府主导的作用，建立多层次的农业巨灾风险分散形式，以化解巨灾损失（Khafizova Zulfiya Kholmuratovna et al.，2021）给保险公司带来的"隐忧"，推动绿色农业保险的健康发展。建立一个支持保险解决方案和加强农业风险管理的重要工具，合并成一个绿色农业保险计划和共同基金，并允许实现归因于相互保险利益。共同基金不仅是绿色农业保险承保的范围，而且保护农业生产者收入稳定，促进利益相关者共担风险（何小伟、曹杨、刘怡鑫，2022）。

四 完善绿色农业保险监督约束制度

完善的绿色农业保险发展体系离不开健全的监督约束制度，应建立保险监管、财政、审计、司法参与的监督体系，这是规范绿色农业保险行为的重要保证。各相关部门应充分履行各自职责，在业务开展、服务于民、依法合规经营等各个方面，加强监督管理，对于违反管理要求、损害农业生产者利益、违规违纪行为坚决予以处罚，或取缔其经营资格。同时，各部门要结合本地绿色农业保险工作实际，探索建立绿色农业保险经办能力和考核评价制度，以及绿色农业保险市场退出机制，对于违反相关规定或业务开办能力、服务水平达不到相关要求的就要在当地市场退出，以此来促进经办机构不断提高经办绿色农业保险工作水平（Lv Liu、Zhang Yanli、Huang Qingjie，2019）和服务农业生产者意识，提高守法经营的意识。

综上所述，绿色农业比常规农业面临更大的自然风险、生态风险、技术风险和收益风险，因此建立绿色农业保险机制将有利于绿色农业规避上述风险，促进社会资源的流入、提高农业生产者的积极性，促进绿色农业科技创新。根据绿色农业机制设计原则，为促进绿色农业的快速发展，发挥绿色农业保险机制的风险规避作用，构建了集风险评估、险种设计、风险共担、政府诱导和支持、监督与约束为一体的绿色农业保险机制，并提出加大政府支持力度、完善巨灾风险分散体系、完善市场运行体系以及加强监管等建议。

第六章　绿色农业信用机制及效应研究

　　绿色农业信用是对绿色农业的进一步规范和认可，是一种依据正规渠道对绿色农业的宣传。然而，信用问题一直受到国内外学术界的质疑。绿色农业生产周期长，生产过程监管困难，同时农产品的生产信息多数掌握在占有信息优势的生产方，造成了产品交易过程中的信息不对称（Baojing Gu、Hans J. M. van Grinsven、Shu Kee Lam et al.，2021）。同时绿色农产品市场巨大的利润潜力，促使部分生产者和商家出现非法竞争、违规操作和缺乏诚信的行为，出口产品也受到很多诟病。种种乱象出现的原因在于全民信用意识淡薄、交易双方的信息不对称（Marcela Casali、Bruna Scsco de Mendonca、Marcel Moreira de Brito，2020）、认证标准低、监管不力（Mahmoud Ezzat AbdAllatef、Zeinab Mahmoud Abd el Rahman，2021）、违规操作的惩罚力度小、违法成本低等，导致绿色农业生产过程中频繁出现操作不规范的现象，造成消费者对绿色食品的认可度下降和社会需求降低，造成绿色农产品信用缺失、增加交易成本（林志炳、李钰雯，2022）、社会投资降低和社会资源的极大浪费。因此本书将通过构建政府与农业生产者间的博弈模型，对绿色农业信用机制进行理论论证，依此构建绿色农业信用机制，并为促进绿色农业的发展、提高公众认可度、推广绿色农产品的品牌知名度，提出合理建议。

第一节　绿色农业监管的博弈分析

　　农业生产最原始的功能是提供粮食、提高国家农业收入和增加就业，而今绿色农业还肩负着保护食品安全和人类健康、改善生态环境、降低水质污染和减少水层枯竭、土地退化和土壤侵蚀、增加生物多样性等功能（崔和瑞、赵天，2018）。从长期发展来看，绿色农业比常规农业具有更大优势，绿色农业不但可以产生较高的产量，而且可以提供更安全的食品，减少外部农用化学制剂的投入。然而由于农业生产者的个体众多，地理位置分散，导致使用传统的命令和控制调节具有一定的挑战性，导致监管不足，严格执法受限（V. Ratna Reddy、T. Chiranjeevi、Geoff Syme，2020）。

因此为了使绿色农业生产者生产出货真价实的绿色农产品，需要加快推进绿色农业的诚信建设，增强绿色农业的粮食安全的责任意识，提高绿色农产品的质量管理水平（Wang Wei、Zhang Chongmei、Song Jiahao、Xu Dingde，2021）。然而绿色农业作为新兴产业，产业生产标准并不完善，而国家给绿色农业的扶持补贴和绿色农业的丰厚收益又会吸引一些不法分子进行造假，因此面对信用问题不断遭到威胁，政府职能应如何行使，现构建博弈模型进行剖析。

一　基本假设

假设1：博弈人为从事农业生产的农业生产者与履行监管职责的政府。假设博弈双方都是理性的，目标是各自收益最大化。

假设2：政府主要利用绿色产品认证对农业生产者是否从事绿色农业耕种、其产品是否为绿色产品进行监管。政府的行为有监管和不监管两种方式，从事绿色农业的农业生产者有不作假和作假两种策略。

假设3：农业生产者按绿色农业方式进行生产时，其收入为 R，C 为生产成本，M 是政府给付的绿色农产品补偿。政府采取监管时，收益为认证收费 C' 与监管费用 W 之差，政策不监管，则收益为0。

假设4：政府对绿色农业实施监管的概率为 β（$0 \leqslant \beta \leqslant 1$），不实施监管的概率为 $1-\beta$，农业生产者从事绿色农业生产时作假的概率为 α（$0 \leqslant \alpha \leqslant 1$），不作假的概率为 $1-\alpha$。

其中：

W：政府监管费用。

C'：接受监管（认证）费用。

R_0：常规农业收入。

R：绿色农业收入。

C_0：常规农业成本。

C：绿色农业成本。

M：绿色农业补贴。

通过上面的假设条件，可得到博弈双方选择各自策略时所获得的收益。在政府实施监管时，农业生产者不作假的收益是 $R - C - C' + M$，作假的收益是 $R_0 - C_0 - C'$。虽然绿色产品的成本大于传统农产品的成本，即 $C > C_0$，但由于 R 通常高于 R_0，并且农户还能获得绿色补贴 M，即农业生产者不作假的收益（$R - C - C' + M$）大于作假的收益（$R_0 - C_0 - C'$），所以农业生产者会选择不作假。在政府不实施监管时，农业生产者不作假，其收益为 $R - C + M$，而作假的收益为 $R - C_0 + M$。由于作假的绿色产品生产成本 $C_0 < C$，所以此时农业生产者作假的收益大于不作假的收益，即 $R - C_0 + M > R - C + M$，因此农户会选择作假。

从政府角度，当农业生产者不作假时，政府实施监管的收益为 $C' - W - M$，政府不实施监管的成本为 $-M$。当农业生产者选择作假时，政府实施监管时收益为 $C' - W - M$，政府不实施监管的收益为 $-M$。因无法判断 $C' - W$ 是否大于 0，所以选择混合博弈。博弈矩阵如表 6 - 1 所示。

表 6 - 1   农业生产者和政府的博弈矩阵

	监管	不监管
作假	$R_0 - C_0 - C', C' - W - M$	$R - C_0 + M, -M$
不作假	$R - C - C' + M, C' - W - M$	$R - C + M, -M$

二　政府与农业生产者行为的博弈分析

1. 纳什均衡：在博弈 $G = \{S_1, S_2, \cdots, S_n, u_1, u_2, \cdots, u_n\}$ 中，如果策略组合（$s_1^*, s_2^*, \cdots, s_n^*$）中任一博弈方 i 的策略 s_i^* 都是其余博弈方的策略组合（$s_1^*, s_2^*, \cdots, s_{i-1}^*, s_{i+1}^*, \cdots, s_n^*$）的最佳决策，也即，$u_i$（$s_1^*, s_2^*, \cdots, s_{i-1}^*, s_i^*, s_{i+1}^*, \cdots, s_n^*$）$\geqslant u_i$（$s_1^*, s_2^*, \cdots, s_{i-1}^*, s_i, s_{i+1}^*, \cdots, s_n^*$），则称（$s_1^*, s_2^*, \cdots, s_n^*$）为 G 的一个纳什均衡（宁宜熙、王可定、党耀国，2007：282）。

在很多情况下，局中人只能以一定的概率在其策略集合中随机选择策略，这种在纯策略空间上的概率分布为混合策略。

2. 政府和农业生产者的混合策略纳什均衡：通过以上假设，可得政府和农业生产者的期望收益函数分别为：

$$u_1^e(s_1, s_2) = \beta C' - \beta W + \alpha\beta M - M \tag{6.1}$$

$$u_2^e(s_1, s_2) = \alpha\beta R_0 - \beta C' - \alpha C_0 + \alpha C - \alpha\beta R - \alpha\beta M + R - C + M \tag{6.2}$$

通过上面的假设，可得，$S^* = (s_i^*, s_2^*)$ 是一个混合策略的纳什均衡。因此，

对式（6.1）和式（6.2）求最优化问题，求一阶导数，并令其为 0，有：

$$\frac{\partial u_1^e(s_1, s_2^*)}{\partial \beta} = C' - W + M\alpha^* = 0 \tag{6.3}$$

$$\frac{\partial u_2^e(s_1^*, s_2)}{\partial \alpha} = \beta^* R_0 - \beta^* C' - C_0 + C - \beta^* R - \beta^* M = 0 \tag{6.4}$$

$$\beta^* = \frac{C - C_0}{-R - M - C' + R_0} \tag{6.5}$$

$$\alpha^* = \frac{W - C'}{M} \tag{6.6}$$

则混合策略纳什均衡为：$\{ \alpha^* = \dfrac{W - C'}{M}, \beta^* = \dfrac{C - C_0}{-R - M - C' + R_0} \}$

3. 均衡解分析：由上面的计算结果可知，农业生产者选择作假的概率为 $\dfrac{W-C'}{M}$，选择不作假的概率为 $\dfrac{M+C'-W}{M}$，当 C' 较大时，农业生产者作假的概率小，而此时 $\beta^* = \dfrac{C-C_0}{-R-M-C'+R_0}$ 将变大，即政府监管概率加大而农业生产者作假的概率小。因此，政府应增加监管力度。

第二节　绿色农业信用机制分析

一　绿色农业信用机制的功能

通过博弈分析结果，加大绿色农业的信用监管是促进绿色农业健康发展的良方。而如何制定高标准的生产规范，完善认证流程，制定严格的认证规范（Elena Domínguez, 2019），增加监管力度，消除买卖双方由于信息不对称所造成的市场萎缩（段存儒、王琳杰、周小喜等，2022），保护绿色农业生产者的经济利益，保障消费者真正食用绿色食品的诉求。构建绿色农业信用机制，将规范绿色农产品生产和认证，加大对产品的监管，建立信用档案，通过信息披露和惩罚公告，扩大消费者的知情权，增加信息共享，减少提供虚假信息的可能，促使市场恢复作用，增强绿色农产品的信息传递。

第一，绿色农业信用机制的功能在于矫正信息不对称。农业生产周期长，生产过程监管困难，同时农产品的生产信息多数掌握在占有信息优势的生产方，在农产品交易过程中占有绝对优势，造成了产品交易过程中的信息不对称。而信息不对称的最直接问题是，极易产生产品的"柠檬效应"，以次充好，导致市场失灵。因此建立绿色农业的信用机制，将加大对产品的监管，建立信用档案，通过信息披露和惩罚公告，扩大消费者的知情权，增加信息共享，减少提供虚假信息的可能，促使市场恢复作用，增强绿色农产品的信息传递。

第二，绿色农业信用机制功能在于促进农业生产者提高生产管理水平和产品质量。建立信用机制，将逐步完善生产标准体系，完善绿色农业认证机制，促进参与认证的农业生产者在进行生产时，根据认证标准，严格把控生产环节。建立完善的信用机制，有利于农业生产者根据生产标准组织农业生产，提高产品质量。清晰的认证环节和认证标准，使农业生产者少走弯路；绿色农业信用机制的完善，对绿色农业生产进行抽检和复检，可以协助农业生产者对农业生产进行更规范的管理，协助其保护生态环境，做好生产监管工作。农业生产者可以通过产品的绿色标识认证，使绿色食品有别于其他商品，实现商品的差别化，避免"柠檬市场"的产生；建立完善的法律体系，加大对投机者的惩罚力度和范围，增大违法成本，规范绿色农业生产与加工，有助于生产者处于正当竞争状态，容易获得人们对产品的认可，实现差别定价，获得产品的超额利润，提高绿色农业的经济效益。

第三，绿色农业信用机制功能于创立绿色农产品品牌，提高产品国际竞争力。完善绿色食品信用机制，确立与国际接轨的生产标准尺度，有利于规范生产，提高产品质量（张露、罗必良，2020）。严把产品的入门关，提高产品的质量，提升消费者的信任度，可以拓宽产品市场，提高产品的国际竞争力。同时有利于加强对产品的认证管理，突出产品特点，形成品牌优势。另外还能突出企业特点，为企业做大、做强开辟新路，从而有利于在行业中培养龙头企业。

二　绿色农业信用机制的内涵

绿色农业信用机制的主体是中央及各级政府，客体是绿色农业生产者。绿色农业的信用缺失，主要是由于我国绿色农业标准低、市场认可度低、国际竞争力弱。因此，首先建立与世界接轨的，不断完善的绿色农业生产标准是绿色农业信用机制的基础。

由于信息不对称，消费者对绿色农产品与常规农产品的鉴别能力有限，国家应针对实施绿色农业生产标准的绿色农业进行认证。与传统农业生产不同，绿色农业认证将有利于对环境的调控，同时由于带来价格溢价和改善市场准入，将给绿色农业生产者带来更大的经济效益（余茜、苏秦、龚彦羽，2021）。因此，完善绿色农业认证是信用机制的重要组成部分。

通过前面的博弈论证，面对国家对绿色农业的补贴和市场收益的诱惑，绿色农产品的造假将大幅出现，而监管力度的加强将大幅减少绿色农产品的造假，是绿色农业信用的有力保障。然而，面对绿色农业生产的分散、绿色农业参与人员的众多，绿色农业监管应扩大原有主体范围，构建绿色农业的全程监管。

而为完善绿色农业监管制度，需要对绿色农业信用进行评级，建立绿色农业信用信息档案，以此来完善和补充绿色农业监管。因此，绿色农业信用机制应涵盖绿色食品认证、绿色农业质量标准、监管和信用评级，结构框架如图 6-1 所示。

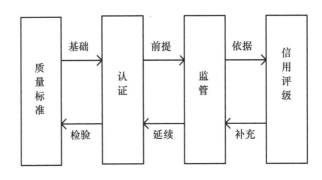

图 6-1 绿色农业信用机制

总之，绿色农业信用机制的构建，希望能强化市场调节能力、减少"柠檬效应"（骆世明，2018），增加信息共享，提高产品生产标准和认证标准，促进绿色农产品的市场认可度和可信度，促进绿色农业发展（Lee Choon-Soo、Yang Hun-Min，2021）。

绿色农业信用机制的四个方面，是逐层递进、相互作用的。完善的质量标准是绿色农业信用机制的第一步骤，是完善其他方面的基础和依据。绿色食品认证是绿色农业质量标准体系的进一步认证，是对质量标准使用的检验和认可。标准体系与认证相辅相成，绿色农业认证不是终点，而是起点，是绿色农业监管的前提。面对绿色农业补贴的诱惑，加大监管将有效管理市场秩序，除掉不良产品，同时也是认证机制效果的进一步补充和延续。同时依据绿色农业监管的结果，实施信用评级制度，是绿色农业监管机制的有效手段和补充。

三　绿色农业信用机制的构成

（一）绿色农业质量标准

绿色农业信用危机产生的一个因素是消费者对绿色农业生产技术标准的不认可。一方面由于我国绿色农业生产者在生产过程中所遵循的标准不统一，标准不透明；另一方面由于我国绿色农业生产操作标准过低，无法得到消费者的认可（Lee Choon-Soo、Yang Hun-Min，2021；杨德利、李智彬、刘增金，2021）。这种生产标准低且不统一的特点直接影响我国绿色农业的市场需求，从而阻碍绿色农业的发展。我国传统农业实践长，农业经验丰富，同时我国人力资源充足，这些都是发展绿色农业的基本优势。然而我国与发达国家相比还存在很大差距。根本差距是我国绿色农业的生产标准低，很难与国外接轨，因此逐步完善绿色农业的标准体系，不断完善符合国际标准的绿色农业生产规程，提高国际竞争力，扩大绿色农产品国际市场影响力。

绿色农业应以实现"从土地到餐桌"全程标准化为生产目标，而针对绿色农业生产的标准化体系一直是标准少、水平低、修订不及时、可操作性差，对于关键环节和关键要素的标准面临严重缺失（Mahmoud Ezzat AbdAllatef、Zeinab Mahmoud Abd el Rahman，2021），因此参照国际标准，结合我国具体情况，建立涵盖生产环境管理、投入品管理、生产操作管理、包装运输储藏等管理技术标准的绿色农业质量标准体系。

完善的绿色农业质量标准体系是消费者信任绿色农产品的重要参考和依据（Komal Surawase、Akash Kamble、Pranav Mhetre，2020），对于市场准入、赢得市场信任非常重要。同时也是绿色农业产品成本预算的依据，对于绿色农业产品的定价，具有很强的指导意义，能有效避免所定的价格和均衡价格之间的震荡，市场秩序也会比较规范，利于市场的建立、发展和壮大。有利于创立绿色农产品品牌，提高产品国际竞争

力。完善绿色农业质量标准体系，确立与国际接轨的生产标准尺度，有
利于规范生产，提高产品质量。严把产品的入门关，提高产品的质量，
提升消费者的信任度，可以拓宽产品市场，提高产品的国际竞争力。

（二）绿色农业认证

对国内外的绿色食品认证进行调查发现，我国每年对绿色食品的认
证数量是美国的4—5倍，凸显了我国认证的环节不完善、认证标准过低
等关键问题（王晶静、孔令博、林巧等，2023）。认证数量的突飞猛进，
背后存在着认证标准过低（王俊芹、苑甜甜，2023）、认证环节缺失、认
证流于形式等问题。一直以来，对农药和化肥施用的禁止是绿色农业生
产给消费者带来最深的触动。但是随着产品认证数据的增加，常规农业
加速向绿色农业的转化，我国近年来的农药和化肥的施用量居高不下，
我国依然是世界最大的化肥消费国，我国化肥平均施用量是美国的1.73
倍。化肥和农药消费的逐年上升和绿色认证数据的上升、绿色食品监测
面积的上升是矛盾的，同时也说明了绿色食品认证存在的一系列问题。

为解决上述问题，需要完善现有绿色食品认证。重新定义认证环
节、认证标准，提高认证品质和水平（Lee Choon-Soo、Yang Hun-Min，
2021）。绿色食品认证应明确跟踪认证环节，在此将认证环节划分为认
证前、认证中和认证后。关于认证环节的主要内容详见图6-2所示。

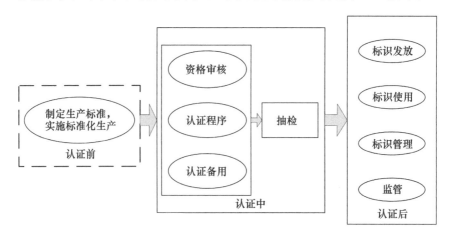

图 6 - 2　认证主要环节流程

认证前，依据绿色农业质量标准体系、按照发达国家农产品质量认证水平，制定合理的认证标准（Elena Domínguez，2019）；认证中，需要考虑资格审核、认证程序和认证费用三个方面的问题，资格审核是认证检查的首要环节，因此资格审核需要认真计算，反复推敲，根据绿色食品生产规程和操作规程进行衡量。我国绿色农业多数为小规模生产（佘宗昀、孙乐、陈盛伟，2022），认证产生的成本依然不容忽视，因此在简化申报程序，增加申报的清晰度和透明度的同时，申报费用也是一个不容忽视的问题，此时还需要考虑认证的隐形成本和附加成本；在认证中，将抽检单独提出来，是因为抽检工作需要在资格审核后进行。然而抽检作为绿色农业认证的最关键环节，抽检的频度、抽检的样本、抽检的多次比对，都是至关重要的；认证后，涉及的问题有证书的发放、使用、管理以及认证品牌和认证企业的监管。由于本书在后续还将对绿色农业的监管机制进行进一步研究，因此在此仅对证书的发放、使用和管理进行研究，把这一部分作为认证后的主要管理问题。

依据认证，能使消费者根据环境属性区分普通农产品和绿色农产品，同时由于依据认证的信息转化，获得认证的绿色农业生产者可以获得更多的认证农产品的价格溢价、获得更多的农产品出口机会和改善信贷市场。反过来这些私人的经济效益还将激励农业生产者改进生态环境的绩效。因此，为了进一步解决农业生产者认证知识的缺乏（Jiang Zhao、Ksenia Gerasimova、Yala Peng et al.，2020），提高消费者对绿色农业产品的认可程度，需要完善绿色农业认证机制，做到尽可能建立与国际标准接轨的生产标准、简化认证手续、结合现代技术完善和缩减认证环节。同时，为提高产品的国际认可程度，我们要加强认证管理，把好认证关，做到好产品易认证、次产品不认证，促使我国认证标准尽快与国际标准接轨。

（三）绿色农业监管

信用缺失还体现在对绿色农业监管存在问题（Rania Ahmed Mohamed Ahmed、Amira Moustafa Hamza，2021），绿色农业生产模式要求农业生产按照严格的生产规程进行。但是，农业生产面临的特点是生产分散、生产周期长、生产环节复杂、操作人员水平参差不齐（林志炳、李钰雯，2022），因此，在生产中难以达到统一标准，对于绿色农业生产的效果难以考证，生产的规范性难以把握（Jiaqi Lin、Dongling Li、Zhenghui Pan、Dou Feng、Weiyan Xuan，2022）。另外，一直以来的粗放式生产，已经让农业生产者形成生产习惯，外加农业生产者的整体环保意识、规范生产意识都非常欠缺，在生产中很容易在缺乏监管的情况下，放松要求，盲目追求眼前利益（张露、罗必良，2020），不遵守操作规程，违规生产（刘刚，2020）。如何有效地、规范地开展绿色农业生产，是各级政府和部门所面临的监管困境。

面对农业生产者意识缺乏、技术良莠不齐以及绿色农业生产的独特性，若想把握和管理绿色农业生产，必须构建绿色农业的监管机制，加强监督，做到严格按标准规程进行生产（林志炳、李钰雯，2022）。首先，农业生产的进入门槛比较低，现有的法规对于绿色农业生产者的监管还很不到位（邱兆义、曹爱兵、姚瑶，2022）。质量监管人员面对着一个数量庞大、地理上又较为分散的群体。这一状况的存在，使得绿色农产品质量的安全监管不对称问题越发突出（Huricha Bao、Chibo Chen、Yuemin Liu，2022）。绿色农业监管范围的复杂性要求建立绿色农业监管机制。其次，农业生产者的受教育水平有限，更关注眼前利益，只重视生产的农产品是否能卖出好价钱，至于在绿色农产品生产过程中，对投入要素的安全性关注比较少，对如何防病治病的生态环保操作技能与知识重视不够。由于绿色农业的监管不到位（Rania Ahmed Mohamed Ahmed、Amira Moustafa Hamza，2021），造成不少农业生产者并未真正形成产品可追溯的安全意识，只有极少数的农业生产者有详细的生产记录和用药记录，一般的农业生产者可能会简单记录用药情况，绝大部分农业生产者是没有记录的。应该说，外部强制力的缺乏在某种程度上影响了农业生产者的安全生产行为。因此，必须加强绿色农业的监管，提高质量安全准入标准、加大立法和惩罚力度、强化抽检力度（Rania Ahmed Mohamed Ahmed、Amira Moustafa Hamza，2021），这样才能提升农业生产者规范生产的意识，促使其按规操作。最后，绿色农业需要全方位地进行监管，才能满足产品的生产质量，才能为人们提供安全的产品。而现有的监管制度还不健全，监管体系还不完善，绿色农产品监管环节缺失，对于绿色农业的整个环节把握还不到位，因此绿色农业的质量不被认可，影响产品的口碑，阻碍绿色农业的发展。

同时通过对社会多个视角的观察，我们可以得出，监管的主体不应是单一的一方或几方。绿色农业的监管主体包括生产企业、群众、农业合作组织、政府主管部门、农业生产者本身、社会各部门及各行业，这些都是绿色农业监管的参与者。只有全社会的整体意识上升，更多的人和企业愿意参与到绿色农业的监管中来，绿色农业的有序发展才能很好地、顺利地进行和开展。

但是在短期内，期待所有人员参与到绿色农业生产的监管中，是很难实现的。如图 6-3 所示，绿色农业的监管主体需要逐步形成。本阶段，绿色农业的监管还需要以政府主管部门监管为核心，农业合作组织为主要辅助力量，企业生产者为补充的绿色农业监管主体。随着绿色农业的发展和社会整体的进步，逐渐形成包含群众、农业生产者、社会各部门及各企业参与的绿色农业监管主体。

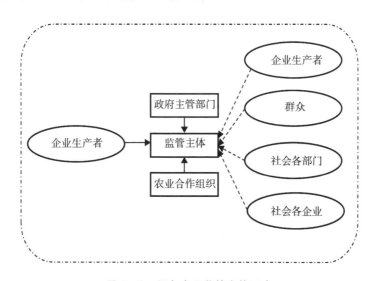

图 6-3 绿色农业监管主体示意

加大绿色农业监管，制定严格的监管制度，建立相关法律体系，形成科学的检测报告与监管手段，可以防止农业生产者的机会主义行为（Rania Ahmed Mohamed Ahmed、Amira Moustafa Hamza，2021）。严谨的监管制度加大了绿色农业生产者从事违规生产的机会成本，加大绿色农业监管制度对违规操作的震慑作用，进而能够保障绿色农产品的安全生产。通过绿色农业监管敦促绿色农业生产的各项规章制度落到实处，推进绿色农业标准化生产。建立绿色农产品可追溯制度，发挥市场的力量，让市场这只无形之手引导农产品的生产者在农产品的销售过程中能够实现优质优价，支持绿色农产品的前期投入获得后期回报，保障绿色农业生产者的经济利益（王晶静、孔令博、林巧等，2023），提高绿色农产品的信用。

（四）绿色农业信用评级

食品安全是人们最关注的问题。日常生活中我们经常遇见的安全问题有：被农药污染的蔬菜、添加剂超标的食品、环境污染严重的食品、卫生条件不过关的食品等。在解决食品安全问题上，各级政府都在一直努力着，但是食品安全问题从未被杜绝（Sabita Aryal Khanna、Lekendra Tripathee，2018）。虽然相比于前几年，食品安全曝光问题大大减少，但是人们对于绿色食品的认知仍存在偏差。食品安全问题关系到每个人的生命安全，不断地考验着消费者的承受力。

同时，信息不对称也是造成绿色农产品信用危机的主要因素（Marcela Casali、Bruna Sesco de Mendonca、Marcel Moreira de Brito，2020）。由于信息不对称，消费者无法明确区分绿色农产品与其他农产品，造成消费障碍；由于信息不对称，政府监管环节下手难，增加了政府对农产品的监管成本，造成监管失灵和监管低效。由于信息不对称，农产品生产者具有明显的信息优势，造成市场调节失灵，同时绿色农业生产者将增加更多的成本来宣传和推销自己的产品。而农产品生产周期长、环节多，进行全程监管（林志炳、李钰雯，2022）能适当解决信息缺失的问题，但是由于信息不对称是普遍存在的，以最小的成本，达到信息共享才是有效办法。

建立合理的信用管理制度，能促进绿色农产品生产者和企业提高食品安全意识、信用意识（Wang Wei、Zhang Chongmei、Song Jiahao、Xu Dingde，2021），让绿色农产品生产者和企业严格遵守行业标准，肩负社会责任；促进信息共享，降低投机行为，增加违规成本，降低政府监管成本，提高市场自发调节能力；促进绿色农产品需求，提高绿色农产品的市场信任度（张露、罗必良，2020）。

建立合理的信用管理制度，需要推进食品安全诚信体系建设，落实绿色农产品安全责任主体（Hari Dahal、Madhav Karki、Tamara Jackson et al.，2020），依据相关法律法规、危害程度，按照既定程序进行审定。需要完善绿色农产品"黑名单"制度，曝光信用缺失的产品和企业名称、违法行为和所受处罚，并实施重点监管；依据褒奖守信、惩戒失信的原则，还需要完善绿色农产品"红名单"制度，公布、宣传红名单，对于符合或高于生产标准的企业和产品，采取免费宣传产品的优点、企业生产流程的手段，为进一步加强食品安全监督管理，推进食品安全诚信体系。完善绿色农业信用的评级制度（林志炳、李钰雯、2023），利用权威的、信誉好、可信度高的第三方信用评级机构（李爱萍，2018），对绿色农产品品牌和企业进行信用评级。加快信用信息系统的完善，促进信用档案的完善，促进绿色农产品信息透明化（张露、罗必良，2020）。

第三节　绿色农业信用对农业绿色生产效率（AGTFP）的效应分析

一　研究假设

随着我国农业发展转向"绿色化"，加大高质量绿色优质农产品有效供给成为必然，而绿色农业信用机制能够规范绿色农产品的供给，约束绿色农业生产者的行为，有效预防和改进绿色食品质量问题的产生。但是绿色农业信用机制的不完善，认证标准低，市场中"柠檬效应"的产生，在一定程度上充斥着绿色农业的发展，因此绿色信用机制对绿色农业发展既存在正向激励，又产生负面影响。已有的关于绿色农业信用及认证对农业生产效率影响的研究，因为指标选取与测算方法不同，得出的结论也不尽相同。张春梅（2017：163）认为虽然不能完全否定绿色农业认证对绿色农业的实际作用，但是绿色农业相关政策规则存在漏洞和不足，通过测算得出绿色食品认证对绿色农业的促进作用是反向的，全面、规范地构建绿色农业发展机制是急迫的和必要的。赵冠艳、栾敬东和宋燕平（2019）认为绿色食品注重产地环境和农业投入品的科学合理使用，能够生产符合绿色食品标准并经过专门机构认定的优质食品，进而正向激励绿色农业的发展。本书认为，随着绿色农业信用机制的完善，规范绿色农业生产，能够帮助农户采用绿色农业生产方式，扩大绿色农业生产规模，随着绿色食品认证标准的提高，绿色农业的期望产出增加，非期望产出会减小，进而提高农业绿色生产效率。据此可以提出假说：

绿色食品认证对农业绿色生产效率产生正向影响。

为研究绿色农业信用对农业绿色生产效率影响程度，本书建立计量模型，把农业绿色生产效率作为被解释变量，绿色食品认证作为解释变量，探索其中影响关系。

$$GAP_t = \alpha_0 + \alpha_1 X_{1t} + \varepsilon_t \qquad (6.7)$$

方程（6.7）中，GAP_t 表示第 t 年农业绿色生产效率，X_{1t} 分别表示第 t 年绿色食品认证，α_0 为常数项，α_1 为待估参数，ε_t 代表随机扰动项。

二　指标选取及数据说明

选取农业绿色生产效率（ GAP ）作为被解释变量。绿色农业信用机制的范围较大，在进行效应分析时，由于管理数据较难获得，而绿色农业的认证数据一直作为重要绿色农业发展评价指标，数据较完备。因此在对绿色农业信用机制进行效应研究时，选取绿色食品认证数据进行效应分析，以此管中窥豹，探究信用机制对农业绿色生产效率的作用，所以选取绿色食品认证作为解释变量。由于农业绿色生产效率的测算是从 2003 年开始测算的，因此解释变量选取 2003—2021 年的当年认证绿色食品产品数，数值整理结果如表 6 - 2 所示。

表 6 - 2　　　　技术效率及当年认证绿色食品产品数

年份	技术效率	当年认证绿色食品产品数（个）
2021	1.000000000	21638
2020	0.857383242	16863
2019	0.742682826	14699
2018	0.646193984	13316
2017	0.586900284	10093
2016	0.552541807	8930
2015	0.508481839	8228
2014	0.471360067	8826
2013	0.450660566	6902
2012	0.41435702	6796
2011	0.369649435	6538
2010	0.329270866	6437
2009	0.273050433	5865
2008	0.257786599	5651
2007	0.231665714	6263
2006	0.205699268	5676
2005	0.193445442	5077
2004	0.184008771	3142
2003	0.170440346	1746

数据来源：当年认证绿色食品产品数来源于 2004—2022 年《中国绿色食品统计年报》。

三　结果分析

由于农业绿色生产效率介于 0 到 1，本书运用 Eviews10.0 进行 Tobit 回归分析考察绿色农业信用对农业绿色生产效率的影响，最终测量结果如表6-3所示。

表6-3 Tobit 回归分析结果

Variable	Coefficient	Std. Error	z-Statistic	Prob.
X_1	0.0000472	0.00000293	16.11639	0.000000

数据来源：运用 Eviews10.0 计量软件计算所得。

GAP 与解释变量 X_1 间存在唯一的线性关系，方程为：

$$GAP_t = \alpha_0 + 0.0000472 X.T. + \varepsilon_t \qquad (6.8)$$

由表中数据可知，绿色农业信用对农业绿色生产效率的影响系数为 0.0000472，p 值小于 0.01，说明当年认证绿色食品产品数显著正向影响农业绿色生产效率，通过绿色食品认证，加强对绿色农业监管，能够促进农业绿色生产效率的提高。由此可见，通过加大对绿色农业产品认证的监管力度，规范农业生产，有利于提高绿色农业发展水平，促进农业绿色生产率的提高，助推绿色农业发展。

第四节 有关绿色农业信用的政策建议

从绿色农业信用的长期作用效果可知，绿色农业认证对绿色农业发展水平的作用是负向的，因此可以看出我国绿色农业信用机制中存在很多问题，特从以下几个方面提出建议。

一 堵塞认证环节漏洞

简化认证手续，定期向农业生产者宣讲认证流程。虽然国家对于绿色食品的申报和认证的手续、费用都有明确规定，但是由于农业生产者在知识水平和意识层次上的欠缺，经常出现申报资料规范性差、上报材料不全等问题（张露、罗必良，2020），导致多次申报。申报地点一般都远离农村，农业生产者的反复申报，增加了认证成本。同时各地均存在不同程度的服务效率低下问题，使得符合条件的申报手续迟迟得不到批复，原本较简单的认证环节变得异常复杂，增加了隐形成本，让部分农业生产者难以负担，最终放弃认证（Lee Choon-Soo、Yang Hun-Min，2021）。因而，认证流程需要简化，以帮助农业生产者快速完成认证工作，降低认证成本；认证机构应提高工作效率，避免重复工作，为农业生产者打开方便之门；同时应定期向农业生产者进行认证手续、流程的宣讲，使认证信息快速扩散、共享，让农业生产者心中有数、生产有据可依、申报有章可循。

资格审核要公正、公开，建立资格审核的复审制度。资格审查要多角度、全方位的计算和裁定，做到公开、公正；制定认证管理部门内部管理制度，规范认证工作人员的行为，强化其责任心；对违规操作、申报不符等事件要严肃处理（宋珍妮、冯慧，2022）；建立资格审核的复审制度，成立认证审核的复审部门，强化审核工作的内部监督和管理，形成责任追溯制度；在认证的复审阶段，加入第三方参与环节，使认证工作接受社会各方面的检查和监督（李爱萍，2018）。

抽检工作要布点全、检查严格。我国农业生产的规模化、集约化程度低，农业生产者的整体素质不高，申报材料虚假、欺骗行为时有发生，因而实地抽检工作量大、难度高。抽检工作作为审核的重要环节，需要做到尽量严格，布点全面。抽检过程中，需要对所抽检的生产环境、生产环节事先进行了解、预测，然后进行布点，避免抽检流于形式；布点情况需要进行审核；对不同产品，按照不同的生产周期、生长环境，制定不同的抽检周期；对抽检中可能发生的情况，提前做好预案中；对抽检人员进行技术培训，熟悉抽检的产品生产标准，提高检测水平；抽检工作与全面检查相结合，并不断加大全面检查的力度。

加强对绿色食品标识使用的监管。我国绿色食品的标识是统一的，并且唯一存在。绿色食品标识是用以区别其他商品的标志，受到法律的保护。但目前，迷惑消费者视听、违法违规使用绿色食品标识的现象大量存在：没有获得品牌绿色认证，却在包装上仿造出绿色食品的标识；使用期满，未重新申报认证，延续使用绿色标识；申报获批后，随意增加产品产量、扩大产品范围和经营范围；冒充使用他人的认证证书等。

加强对标识使用的监管，可以从两方面入手：一方面，及时更新获取标识的企业信息，对于标识即将到期的企业，提前进行公布，让认证机构、生产者、消费者心中有数；另一方面，对可能出现的仿造标识行为，提前进行预测，结合突击检查，一经发现，予以高额处罚。加强对绿色食品标识使用的监管，在保护获得标识的企业利益的同时，也保护了消费者的合法权益。

严格管理转换期认证。国家标准明确规定，绿色农业生产的转换期，需要进行申报认证。根据作物不同的生长周期、不同的土地使用情况，标准制定的层次性、区别性都有所体现（李爱萍，2018）。但在对转换期认证时，许多人虚报材料，使长期转换期变换为短期转换期，短期转换期变为更短。因此，对绿色农业转换期的认证不能过于随意，不能为追求结果而放松把控，降低门槛；需要制定严格的生产环境监测、生产过程监测制度；增加转换期认证的公示环节；对以往的生产操作需要走访、调查、确认，不能马虎了事。

二 促进绿色农业标准化生产

在我国，常规农业的影响时间较长，劳动投入小，省心省力，劳动习惯已经养成，短期、中期收益不比绿色农业差，甚至更高。而绿色农业的生产时间短、成本高、推广难，因此从选种、育苗、施肥、防虫害、土地熵值、产品品级评定等，绿色农业生产的标准化体系不健全，标准化生产不能全方位推行。

常规农业中，高毒的农药和大剂量的化肥使用给我国生态环境带来极大的破坏，因此我国从常规农业向绿色农业的转换，时间要很长，绿色农产品的品质也相对较差（左巧丽、杨钰蓉、李兆亮等，2022）。发达国家的绿色食品认证，每年的数量都非常有限，而我国却呈逐年上升趋势。绿色食品认证数量过多，质量就难以保证。绿色生产的品质标准过低，对于促进绿色农业发展的推动作用很小，难以让消费者认同，从而失去对绿色食品的认可度。我国绿色食品生产标准与国际标准的偏差，更会影响绿色食品的国际竞争力。因此制定与国际接轨的绿色食品生产、认证标准是绿色农业生产标准化的第一步。

建立绿色食品标准化体系，应从以下诸方面入手。首先，标准化体系要分级分阶，制订高低不同的绿色农业的门槛。要达到绿色农业的标准，其条件比较苛刻，需要的时间比较长，投入的成本高，因此绿色农业的收益要比常规农业高，且高收益实现的过程不能过长，要让绿色农业生产者尽快看到相关的经济利益。其次，标准化的指标，不能太"粗"，但也不能太"细"。太粗，则不能存良去莠，太细，则执行和产品检验定价等成本大幅提高，同样得不偿失。再次，标准要形成体系，不能是一个个孤立的标准化点，各个标准化的点，要有内在联系，最终对绿色农业形成支持作用。最后，该体系要有强力的监控部门，监控标准的执行。该工作可以由国家相关机构如技术监督局担当，也可以由非政府组织来完成。

三　加强绿色农业监管

绿色农业的监管，需要兼顾生产环境、生产过程、流通环节、销售环节。本书的监管机制中还包括对认证之后的市场监管，主要是为了维护市场健康，维护良好的市场环境。

完善法规制度，强化法规制定与执行的结合。绿色农业生产标准虽然初步建立，却存在较大漏洞，对于出现的一些问题，无法对应相关的规定和标准，不能找到切实的依据，致使农业生产者和监管部门之间出现拉锯的现象。为避免监管时无法可依，需要完善现有的法规，根据监管部门的情况反馈，制定更细致的、全面的规章制度。并且在法规制定部门和监管部门之间建立信息交互平台，及时修改和补充法律说明，做到绿色农业生产的法规制定和落实的紧密结合。

开发监管新技术、新工具，实现多种监管办法的组合。我国现在采用的最普遍的办法是对监管对象进行年检和抽检，这种监管办法过于单一，不能覆盖农业生产的整个生产周期，只能发现局部问题，不能反映问题的全部。面对年检和抽检的种种弊端，针对绿色农业生产的特点，需要开发监管的新技术，开发新工具，及时发现隐藏问题。建议采取时时监控的办法作为主要办法，年检作为补充的监管办法，而抽检只是针对个别问题出现时采取的应急办法。

强化监管制度，提升监管部门的执行力（宋珍妮、冯慧，2022）。在对绿色农业进行监管的过程中，由于政策的执行规定不具体，导致监管部门在执行时，界定问题难度较大，同时由于个别监管人员责任心不强，导致监管的执行力较差。为此，需要不断完善监管制度，明晰监管制度细则，让监管部门及人员做到有章可循。

明确责任划分，加大惩罚力度。绿色农业生产涉及的范围广、环节多、影响因素多，涉及的管理部门也多。部门之间存在着监管重叠、责任划分不清等问题，在监管执行过程中很难有效合作和协调，难以形成监管合力。同时对绿色农业中存在的生产不合理问题、违规问题，一般的惩罚措施为延长转换期、延迟申请认证、提前吊销证书等，惩罚力度较小，违法者的违规成本较低，所以很难引起他们的重视。对于绿色农业生产监管涉及的部门较多问题，需要由相关部门牵头，制定相关规定，明确责任划分；对于违规操作，应制定法规，加大处罚力度，增大违规成本。

制定全员参与监管的奖励办法。我国现阶段绿色农业的监管以政府主管部门为核心，但政府机构人力、资源有限，很难做到全面监管。绿色农业不仅是农业问题，还是社会问题，对绿色农业的监管需要号召全社会来参与。绿色农业的监管参与者应包括生产企业、消费者、农业合作组织、政府主管部门、农业生产者、社会各部门、企业等。为此，一方面加强对全民的责任教育，提高全民的社会责任感，把对绿色农业生产的监管视为己任，吸纳有责任心、有意愿的人加入监管队伍中；另一方面制定参与监管的奖励办法，吸引更多的人参与对绿色农业的监管，最终形成社会各界全面参与的监管主体。

四 提高全民信用意识

食品安全的失信现象愈演愈烈，经常出现假冒的、质量良莠不齐的绿色食品，绿色食品标识使用也很混乱（Marcela Ibanez、Allen Blackman，2016），过期用标、一标多用、套标使用、伪造标识等等，这说明目前绿色食品正处于信用危机中，在绿色食品的每一个角落，多被不法分子乘虚而入，造成严重的信用缺失（Mahmoud Ezzat AbdAllatef、Zeinab Mahmoud Abd el Rahman，2021）。而绿色食品的信用缺失造成了生产者与消费者间失去相互信任，加大销售难度，增加了交易成本，降低收益，严重阻碍绿色农业发展，造成极大的资源浪费。信用缺失极易导致交易双方的利益冲突，严重抑制需求的增长，阻碍资源优化配置，降低绿色食品的国际竞争力。

虽然可以通过不断完善质量标准、填补认证漏洞和加大监管力度来提高绿色农业信用度，然而任何法律法规的有效执行，都无法与全民自觉提高信用意识、自觉遵守法律法规相比。在制假造假猖獗、社会信息严重不对称，监管力度和监管范围有限的情况下，迫切需要普及信用文化、提高全民的信用意识，诚实守信、自觉自律。

提高全民信用意识（张露、罗必良，2020），并非易事，需要漫长的教育过程。普及信用文化、普及法律常识、借助多种媒体渠道宣传信用文化、曝光失信行为和宣传守信个人，建立信用信息系统（曹江宁，2022），制定信用档案，制定合理的信用等级。由于全民的文化背景、社会背景等存在很大差异，因此在制定信用标准时不宜过高，应从实际情况出发，循序渐进，逐渐提高全民信用意识，并影响自身行为，从生产、消费、流通等多个渠道杜绝劣质食品，保护绿色食品的信誉（Lee Choon-Soo、Yang Hun-Min，2021），促进绿色农业健康发展。

综上所述，在社会经济系统中，绿色食品的信用问题层出不穷，信用缺失严重，失信现象愈演愈烈，导致交易成本增加，信息成本增加，监管成本增加，社会资源浪费，绿色食品信任度降低的危害。因此，解决绿色农业的信用问题具有极大的经济价值和社会价值。通过对绿色农业信用机制的博弈分析，得出政府应加大信用监管来解决绿色农业的信用问题，据此构建涵盖完善质量标准、完善绿色食品认证、加大绿色农业监管、建立信用评级的绿色农业信用机制，并针对标准化生产、认证环节、监管和信用意识方面提出合理建议。

结　　语

本书在系统综述国内外绿色农业和农业机制等领域有关理论与文献的基础上，从理论上分析了绿色农业的内涵和属性；依据幼稚产业理论、生态农业理论和机制设计理论，建立了集绿色农业科技创新机制、绿色农业补偿机制、绿色农业保险机制和绿色农业信用机制为一体的绿色农业发展框架。

根据以上研究，本书得到以下主要结论。

1. 通过对绿色农业的概念、内涵等进行剖析，提炼出绿色农业具有弱质性、系统性、持续性和外部性的属性特点，论证绿色农业与有机农业、生态农业、可持续发展农业的关系，得出绿色农业是满足可持续发展要求的现代农业主导模式。

2. 对政策机制进行系统设计，是促进绿色农业可持续发展的有效手段。针对我国绿色农业发展现状，结合绿色农业属性特征，以扶持绿色农业发展为导向，构建了以绿色农业补偿机制为基础，绿色农业科技创新机制和保险机制为保障，绿色农业信用机制为实现手段的绿色农业发展机制框架体系。

3. 构建绿色农业科技创新机制，有利于提高绿色农业生产力、有利于提高农业生产者的生产积极性、提高农业科技人员的科研积极性、推动资源优化配置、提高国际竞争力。因此，为提高农业科技创新作用，设计了涵盖政府宏观调控、市场需求导向、政府投入、激励、资金管理、中介合作及政府保障的绿色农业科技创新机制。从效应分析结果可以得出，在研究周期内，产生积极的、正向的长期作用，且人力资源投入效果好于财力资源投入的效果，农业绿色生产效率的效果与长期作用效果一致。

4. 构建绿色农业补偿机制有利于扶持幼稚产业、实现收入公平、提高生产积极性、实现外部成本内部化。因此，绿色农业补偿机制应以政府宏观调控为导向，完善现有农业补偿、建立绿色农业生态补偿、绿色农业派生环节补偿和完善绿色农业补偿落实。分析现有补偿机制，可以得出，从长期效果看，农业补偿机制对绿色农业发展具有促进作用，从农业绿色生产率效应分析中可以得出，农业补贴正向促进农业绿色生产效率的提高，进而推动绿色农业的发展。

5. 构建绿色农业保险机制有利于绿色农业规避风险，促进社会资源的流入、提高农业生产者的积极性，实现绿色农业保险的供给和需求增长。绿色农业保险机制集风险评估、险种设计、风险共担、政府诱导和支持、监督与约束为一体。利用博弈分析，提出绿色农业保费政府全额补贴的新模式，保证绿色农业保险的供给与需求。根据绿色农业保险机制效应分析，可知农业保险对绿色农业发展有正向的影响且效果显著；从农业绿色生产效应结果分析中，可以得出农业保险保费收入显著正向影响农业绿色生产效率。

6. 解决绿色农业信用问题，减少失信现象，降低交易成本，节约社会资源浪费，实现绿色农业的经济价值和社会价值，促进绿色农业有序发展，构建绿色农业信用机制成为必然。在构建绿色农业信用机制时，利用混合博弈模型论证绿色农业信用监管的必要性，机制涵盖了完善绿色农业质量标准、完善绿色农业认证、建立绿色农业监管和建立信用评级四个方面内容。根据绿色信用对农业绿色生产效率的效应分析中，可知绿色信用对农业绿色生产效率产生正向影响。同时针对绿色农业监管问题，提出以政府主管部门为主体，农业合作组织为辅，逐渐形成包含群众、农业生产者、社会各部门及各企业的参与的绿色农业监管主体。

7. 通过对绿色农业机制的理论与效应研究，可以看出，绿色农业科技创新机制、绿色农业补偿机制、绿色农业保险机制对绿色农业发展水平的作用是积极的，为进一步改革体制机制，提供支撑，也体现了构建绿色农业发展机制的必要性。通过研究可以看出我国长期逐步完善的农业政策对引导和扶持绿色农业具有一定的作用，随着现代农业高质量发展的需要，为提高其作用效果，仍然需要政策上的倾斜，科学定位政府角色，而推行时间较短的绿色农业相关政策的作用还有待提高。这也为机制间的相互借鉴提供依据。

如前所述，本书对绿色农业发展机制的研究为阶段性、探索性的研究。由于绿色农业机制研究仍然处于起步阶段，国内相关研究成果多关注于局部机制的设计，并未对机制间的作用进行比较。而国外对于政策机制的相关研究已转向效果、方式的研究，重视研究方法的应用，为本书提供了很好的研究思路。但是我国绿色农业具有明显的中国特色，在机制构建的理论研究上，可以借鉴的国外成果并不多。

本书对各机制作用效应的分析，还存在一定的不足。由于现有统计数据缺乏对绿色农业有政策倾向数据的单独统计，因此效应分析过程中，得出数值明显偏小，因此只能通过作用方向，来推断政策对于农业生产者从常规农业向绿色农业转化的大致作用情况。而在农业绿色生产效率的效应分析中，各年份间的明显差异已经显现，但是差异产生的显性和隐性因素，由于缺少相关统计数据，使研究很难更细化。随着农业相关数据的逐步充实和完善，绿色农业发展机制的作用效果将更明显、更可靠。

参考文献

白延涛、谭学良，2021，《成渝城市群农业绿色生产率及空间效应研究》，《价格理论与实践》第 10 期。

陈宏伟、丁建国、穆月英，2022，《中国大宗农产品国际竞争力的出口效应分析》，《新疆农业科学》第 1 期。

陈来生、霍学喜，2006，《我国绿色农业发展途径和体系建设探讨——以青海门源盆地为例》，《开发研究》第 4 期。

陈强、徐凯，2023，《中国区域可持续创新效率影响因素》，《同济大学学报》（自然科学版）第 3 期。

陈儒、姜志德，2018，《中国省域低碳农业横向空间生态补偿研究》，《中国人口·资源与环境》第 4 期。

陈诗波、王晓莉，2023，《国家农业战略科技力量：内涵特征、面临困境与建设路径》，《农业经济与管理》第 3 期。

陈诗华、王玥、王洪良等，2022，《欧盟和美国的农业生态补偿政策及启示》，《中国农业资源与区划》第 1 期。

储霞玲、黄修杰、姚飞等，2020，《农业专业化的时空演化规律及空间集聚效应探析——以广东省种植业为例》，《中国农业资源与区划》第 1 期。

楚德江，2021，《公益属性视域中的绿色农业技术创新：困境与出路》，《科学管理研究》第 6 期。

楚德江，2022，《基于公共品属性的农业绿色技术创新机制》，《华南农业大学学报》（社会科学版）第 1 期。

崔和瑞、赵天，2018，《双元视角下绿色农业技术扩散的演化博弈分析》，《科技管理研究》第 10 期。

崔惠玉，2022，《共同富裕视阈下生态补偿财政政策研究》，《甘肃社会科学》第 4 期。

邓远建、超博，2022，《灰水足迹视角下我国省域农业生态效率及其影响因素》，《中国农业科学》第 24 期。

丁宝根、彭永樟，2019，《基于 DEA-SBM 模型的江西省农业绿色发展效率测度与评价》，《农村经济与科技》第 17 期。

杜红梅、戴劲，2020，《洞庭湖区农业绿色全要素生产率增长时空特征及影响因素分析》，《湖南农业大学学报》（社会科学版）第 3 期。

杜志雄、李家家、郭燕，2023，《加快农业强国建设应重点突破的方向》，《理论探讨》第 3 期。

段存儒、王琳杰、周小喜等，2022，《环境信息披露与绿色产品市场信息不对称：作用机理与实证检验》，《统计与信息论坛》第 12 期。

段华平、刘德进、杨国红等，2009，《基于清单分析的农业面源污染源强计算方法》，《环境科学与管理》第 12 期。

丰延东、佘茂艳、陈劲，2020，《基于乡村振兴背景下的我国农业专利产出、转化及作用研究》，《软科学》第 4 期。

冯丹萌、许天成，2021，《中国农业绿色发展的历史回溯和逻辑演进》，《农业经济问题》第 10 期。

冯小，2018，《多元化农业经营背景下农业服务模式的创新与农业发展道路——基于三个典型案例的实证研究》，《南京农业大学学报》（社会科学版）第 3 期。

付伟、罗明灿、陈建成，2021，《农业绿色发展演变过程及目标实现路径研究》，《生态经济》第 7 期。

富丽莎、秦涛、汪三贵，2022，《农业保险的要素配置效应及其作用机制——基于助力现代农业发展视角》，《资源科学》第 10 期。

高鸣、姚志，2022，《保障种粮农民收益：理论逻辑、关键问题与机制设计》，《管理世界》第 11 期。

高强、曹翔，2021，《农业补贴、资源禀赋与农户收入差距》，《财政科学》第 12 期。

高尚宾、宋成军、徐志宇等，2021，《中国生态农场发展空间与对策建议》，《中国生态农业学报》（中英文）第 10 期。

高文书，2003，《贸易技术壁垒研究》，博士学位论文，中国社会科学院研究生院，第 6 页。

葛立群、利爽、刘铮，2023，《辽宁省农产品品牌培育策略探究》，《农业经济》第 6 期。

郭晓鸣、陆晓玲、卢瑛琪，2023，《建设农业强国的时代价值、实现进路与重点任务》，《农村经济》第 4 期。

韩一军，2020，《提高产品附加价值 + 多方协作共赢　农业产业一体化及其收益实现》，《人民论坛》第 15 期。

郝嘉楠、常跟应、张雪等，2021，《石羊河流域治理前后农业绿色发展水平评价》，《兰州大学学报》（自然科学版）第 1 期。

何军、王越，2020，《小农户与现代农业衔接机制及风险管理分析》，《现代经济探讨》第 11 期。

何寿奎，2019，《农村生态环境补偿与绿色发展协同推进动力机制及政策研究》，《现代经济探讨》第 6 期。

何小伟、曹杨、刘怡鑫，2022，《专项转移支付对地方政府农业支出的激励效应——以农业保险为例》，《保险研究》第 12 期。

洪名勇、龙娇、卓雯君，2023，《我国农业生产效率及时空特征探析》，《北方园艺》第 2 期。

胡芳、何逍遥、曹传碧等，2022，《"农业保险 + 信贷"模式与农业产业链协同发展赋能乡村振兴战略研究》，《西南金融》第 8 期。

华坚、杨梦依，2022，《乡村振兴背景下粮食主产区农业保险发展对粮食生产安全的影响》，《农林经济管理学报》第 7 期。

黄季焜，2000，《中国农业科研投资：效益、利益分配及政策含义》，《中国软科学》第 9 期。

黄伟华、祁春节、聂飞，2023，《财政支农、技术溢出与农业碳排放》，

《软科学》第 2 期。

黄晓慧、聂凤英，2023，《数字化驱动农户农业绿色低碳转型的机制研究》，《西北农林科技大学学报》（社会科学版）第 1 期。

黄昕、楚德江，2022，《权能共享：绿色农业时代农民专业合作社的组织创新》，《农村经济》第 1 期。

黄宜、张家绪、周海燕等，2023，《农业科技投入对农业生态效率的影响——基于农村互联网使用的传导机制》，《资源开发与市场》第 7 期。

黄泽颖、张莹、李向敏等，2019，《农户对马铃薯保险服务满意度的影响因素：基于生产规模视角》，《中国农业大学学报》第 6 期。

姜明君、陈东彦，2020，《公平偏好下绿色供应链收益分享与绿色创新投入》，《控制与决策》第 6 期。

蒋黎、赵其国、尹雪斌，2022，《发展生态高值功能农业的理论意蕴与战略实现路径》，《经济学家》第 8 期。

蒋再文，2015，《基于 TCE 和 MDT 的高速公路项目管理模式重构及运行机制研究》，博士学位论文，重庆大学，第 14 页。

金书秦、牛坤玉、韩冬梅，2020，《农业绿色发展路径及其"十四五"取向》，《改革》第 2 期。

金书秦、张哲晰、胡钰等，2023，《中国农业绿色转型的历史逻辑、理论阐释与实践探索》，《农业经济问题》第 7 期。

金欣鹏、柏兆海、马林，2023，《中国食物系统温室气体排放与吸收研究进展》，《中国生态农业学报》（中英文）第 2 期。

金欣鹏、马林、张建杰等，2020，《农业绿色发展系统研究思路与定量方法》，《中国生态农业学报》（中英文）第 8 期。

柯福艳、徐知渊、杨良山，2022，《农业科技投入对农业经济增长的驱动影响研究——基于浙江省 60 个县的统计数据》，《浙江农业学报》第 7 期。

孔祥智，2023，《中国式农业现代化的重大政策创新及理论贡献》，《教学与研究》第 2 期。

旷宗仁，2023，《农业科技创新扩散的非预期性后果》，《中国农业大学学报》（社会科学版）第 2 期。

雷绍海、田曦、王成军，2023，《农业资源错配对农业绿色生产效率的空间效应分解研究》，《地域研究与开发》第 2 期。

黎孔清、陆冉、李群，2018，《广西果农绿色农业技术需求及行动机制研究》，《广西民族大学学报》（哲学社会科学版）第 5 期。

李爱萍，2018，《山西省"互联网＋农产品"营销模式研究》，《经济问题》第 4 期。

李彬、吕雅辉、张润清，2023，《河北省食用菌产业集群发展水平评价》，《北方园艺》第 4 期。

李翠霞、许佳彬，2022，《中国农业绿色转型的理论阐释与实践路径》，《中州学刊》第 9 期。

李大垒、陆迁、高建中，2023，《区域品牌生态系统对特色农业绿色发展的影响研究》，《西北农林科技大学学报》（社会科学版）第 1 期。

李丹，2022，《农业科技投入体制改革研究》，《农业经济》第 10 期。

李谷成、郭伦、高雪，2018，《劳动力成本上升对我国农产品国际竞争力的影响》，《湖南农业大学学报》（社会科学版）第 5 期。

李魁明、王晓燕、姚罗兰，2022，《黄河流域农业绿色发展水平区域差异及影响因素》，《中国沙漠》第 3 期。

李鎏、蔡键、林晓珊，2021，《农业补贴政策"三补合一"改革：演进轨迹、作用机理与发展策略》，《经济体制改革》第 3 期。

李欠男、李谷成、高雪等，2019，《农业全要素生产率增长的地区差距及空间收敛性分析》，《中国农业资源与区划》第 7 期。

李学敏、巩前文，2020，《新中国成立以来农业绿色发展支持政策演变及优化进路》，《世界农业》第 4 期。

李周，2023，《中国农业绿色发展：创新与演化》，《中国农村经济》第 2 期。

林怡、叶菁、陈华等，2023，《福建省乡村高效生态农业发展理论及新技术体系构建》，《中国生态农业学报》（中英文）第 7 期。

林志炳、李钰雯，2022，《绿色供应链中消费者信用支付策略研究》，《运筹与管理》第 4 期。

刘长全，2021，《我国重要农产品供给安全面临的挑战与对策》，《经济纵横》第 5 期。

刘刚，2020，《"互联网＋"背景下农产品全渠道零售模式探析》，《商业经济研究》第 1 期。

刘华楠、刘焰，2002，《绿色农业：中国 21 世纪食品安全的产业支撑》，《农村经济》第 12 期。

刘景景、钟晓萍、钱龙，2023，《美国防范食物安全风险的经验与启示》，《世界农业》第 6 期。

刘丽萍、刘丽、孙炜琳，2023，《政府支持、技术认知与农户绿色农业技术采纳行为研究——以水肥一体化技术为例》，《林业经济》第 1 期。

刘连馥，2013，《从绿色食品到绿色农业，从抓检测到抓生产源头》，《世界农业》第 4 期。

刘蓉、熊阳，2020，《消费税对收入再分配的公平与福利效应——基于 2017 年中国家庭金融调查数据的分析》，《税务研究》第 6 期。

刘晓雨、卞荣军、陆海飞等，2018，《生物质炭与土壤可持续管理：从土壤问题到生物质产业》，《中国科学院院刊》第 2 期。

刘旭、梅旭荣、杨世琦等，2020，《秦巴山脉区域农业经济绿色发展战略》，《中国工程科学》第 1 期。

刘艺卓、杨海成、尹文渊，2023，《农业贸易调整援助：国际经验与中国路径》，《国际贸易》第 5 期。

刘智，2020，《中国省域农业绿色发展指数关联性分析》，《统计与决策》第 7 期。

柳一桥、肖小虹，2022，《以绿色发展引领乡村振兴——民族山区绿色农业产业链的形成机理与演进路径》，《中南民族大学学报》（人文社会科学版）第 1 期。

芦千文、杜志雄，2023，《农业农村创新与创业联动机制研究》，《华中农业大学学报》（社会科学版）第 3 期。

吕明、黄宜、陈蕊，2022，《中国绿色农业区域差异性分析》，《农村经济》第 12 期。

伦闰琪、罗其友、高明杰等，2023，《农产品标识认知、消费习惯对绿色农产品溢价支付意愿的影响——以绿色鲜食马铃薯为例》，《中国农业大学学报》第 5 期。

罗必良，2020，《小农经营、功能转换与策略选择——兼论小农户与现代农业融合发展的"第三条道路"》，《农业经济问题》第 1 期。

罗晋辉、郭建庆，1989，《谈"机制"的内涵、演化和特性》，《社会》第 6 期。

罗明忠，2023，《人力资本视角下中国农业强国建设的基本路径》，《求索》第 1 期。

罗玉辉、廖敏伶，2020，《中国农业发展机遇研究：基于政府规制的视角》，《兰州学刊》第 6 期。

骆世明，2018，《中国生态农业制度的构建》，《中国生态农业学报》第 5 期。

马红坤、曹原，2023，《小农格局下的中国农业高质量发展：理论阐述与国际镜鉴》，《华中农业大学学报》（社会科学版）第 1 期。

毛世平、杨艳丽、林青宁，2019，《改革开放以来我国农业科技创新政策的演变及效果评价——来自我国农业科研机构的经验证据》，《农业经济问题》第 1 期。

毛绪强，2023，《十年农业展望 稳产保供强农——〈中国农业展望报告（2023－2032）〉正式发布》，《农村工作通讯》第 9 期。

孟凡乔、张珂、王方等，2021，《有机农业能否养活中国？——氮肥供应获得的启示》，《中国生态农业学报》（中英文）第 3 期。

明翠琴，2021，《中国农业绿色增长评价指标体系的构建及实证》，《技术经济与管理研究》第 9 期。

宁宣熙主编，2007，《管理运筹学教程》，清华大学出版社。

潘莉颖、徐玉冰、崔磊等，2021，《黑龙江省农产品国际竞争力评价及影响因素分析》,《农业经济与管理》第 5 期。

彭升、王云华,2019,《以生态循环农业助推绿色发展——以湖南为例》,《湖南大学学报》(社会科学版) 第 3 期。

彭小霞,2021,《集体经营性建设用地市场化流转背景下生态补偿的实现机制》,《西北农林科技大学学报》(社会科学版) 第 4 期。

齐顾波,2022,《"社会—经济—生态"系统视角下的农业绿色发展转型》,《人民论坛·学术前沿》第 14 期。

邱兆义、曹爱兵、姚瑶,2022,《用质量管控思路践行农业绿色发展》,《江苏农业科学》第 3 期。

任晓刚、李冠楠、王锐,2022,《农业绿色发展支持政策的问题、成因与路径》,《新视野》第 1 期。

邵全权、刘宇,2023,《农业风险冲击、农业保险保障与农村居民收入不平等》,《财经研究》第 7 期。

佘宗昀、孙乐、陈盛伟,2022,《农业保险对农业固碳增效的影响及机制研究》,《中国农业资源与区划》第 9 期。

沈能、张斌,2015,《农业增长能改善环境生产率吗?——有条件"环境库兹涅茨曲线"的实证检验》,《中国农村经济》第 7 期。

盛朝迅,2019,《构建现代产业体系的思路与方略》,《宏观经济管理》第 1 期。

石志恒、慕宏杰、孙艳,2019,《农业补贴对农户参与农业绿色发展的影响研究》,《产经评论》第 3 期。

宋常迎、郑少锋、于重阳,2023,《中国农业碳排放调控的实践困境与政策创新》,《经济体制改革》第 2 期。

宋成军、王久臣、孙仁华等,2019,《基于全生命周期的农业绿色发展成本增量研究》,《生态经济》第 7 期。

宋凌峰、马莹、肖雅慧,2023,《农业生产波动视角下农业信贷、保险对农业经济的协同效果研究》,《华中农业大学学报》(社会科学版) 第 2 期。

宋珍妮、冯慧,2022,《我国农业现代化的发展历程、现实困境与择利行权策略》,《河南社会科学》第 11 期。

隋斌、董姗姗、孟海波等,2020,《农业工程科技创新推进农业绿色发展》,《农业工程学报》第 2 期。

孙铭、杨宏博、刘发波等,2023,《有机农业对蔬菜产量和品质影响的 Meta 分析》,《中国瓜菜》第 6 期。

涂正革、甘天琦,2019,《中国农业绿色发展的区域差异及动力研究》,《武汉大学学报》(哲学社会科学版)第 3 期。

庹国柱,2019,《我国农业保险政策及其可能走向分析》,《保险研究》第 1 期。

万凌霄、关佳晨、严明杰,2023,《社会化服务与农业绿色发展相融合:机理、事实与推进路径》,《生态经济》第 12 期。

汪洪涛、宋朝阳,2020,《我国提高农村生产力的实践探索和理论创新——基于马克思主义生产社会化理论的分析》,《复旦学报》(社会科学版)第 1 期。

王宾,2017,《中国绿色农业生态补偿政策:理论及研究述评》,《生态经济》第 3 期。

王彬彬、李晓燕,2019,《基于绿色农业的市场化直接补偿方式研究》,《农村经济》第 6 期。

王波、何军、车璐璐等,2023,《农村生活污水资源利用:进展、困境与路径》,《农业资源与环境学报》第 7 期。

王丹、赵新力、郭翔宇等,2018,《国家农业科技创新理论框架与创新能力评价——基于二十国集团的实证分析》,《中国软科学》第 3 期。

王迪、王明新、钱中平等,2017,《基于非点源污染约束的江苏省农业生产效率分析》,《江苏农业科学》第 17 期。

王建华、钭露露、王缘,2022,《环境规制政策情境下农业市场化对畜禽养殖废弃物资源化处理行为的影响分析》,《中国农村经济》第 1 期。

王晶静、孔令博、林巧等,2023,《绿色农产品数字化标识与品牌战略协同研究》,《中国农业资源与区划》第 2 期。

王俊芹、苑甜甜，2023，《中国农业绿色发展政策演进及政策工具分析》，《河北学刊》第 2 期。

王倩、刘红文、贾淑霞等，2023，《保护性耕作对东北黑土微生物碳循环功能基因的影响》，《生态学报》第 11 期。

王思博、李冬冬、徐金星，2019，《特色经济作物绿色生产效率影响因素及传导路径——以广昌县白莲绿色化种植为例》，《湖南农业大学学报》（社会科学版）第 5 期。

王思怡、张启文、刘畅，2023，《农业保险、农业全要素生产率与农产品供给数量安全研究》，《农业现代化研究》第 7 期。

王天穷、严晗、顾海英，2018，《政府主导型低碳农业发展项目补偿标准探索研究》，《财经研究》第 8 期。

王莹、冯菁、吕佩遥等，2023，《平原河网地区非点源污染负荷精细化估算模型与应用——耦合养分收支模型和产排污核算模型》，《环境科学学报》第 7 期。

魏剑锋、李孟娜、刘保平等，2023，《新时代现代农业科技服务机制创新》，《宏观经济管理》第 6 期。

魏腾达、张峭，2023，《农业保险保费补贴的央地分担比例优化：从财政支出公平的视角》，《农业技术经济》第 7 期。

闻卉、许明辉、陶建平，2020，《考虑绿色度的生鲜农产品供应链的销售模式与定价策略》，《武汉大学学报》（理学版）第 5 期。

向雁、陈印军，2018，《中原现代农业科技示范区耕地保护问题与对策研究》，《中国农业资源与区划》第 12 期。

肖卫东、杜志雄，2021，《以提升涉农企业科技创新能力推进农业新旧动能转换》，《理论学刊》第 6 期。

肖宇谷、杨晓波、齐纪元，2022，《我国农业保险大灾风险的空间分效应测度与应用研究》，《保险研究》第 7 期。

徐国冲、李威璐，2021，《食品安全事件的影响因素及治理路径——基于 REASON 模型的 QCA 分析》，《管理学刊》第 4 期。

许玲燕、张端端、杜建国，2023，《环境规制与新型农业经营主体绿色发展绩效——基于有调节的中介效应分析》，《中国农业资源与区划》第 2 期。

许梦博、陈楠楠，2021，《我国农业保险发展的深层矛盾、转型契机与改革取向》，《求是学刊》第 2 期。

许秀川、吴朋雁，2022，《绿色农业发展机制的演进——基于政府、农户和消费者三方博弈的视角》，《中国农业大学学报》第 1 期。

严立冬、崔元锋，2009，《绿色农业概念的经济学审视》，《中国地质大学学报》第 3 期。

严立冬、刘新勇、孟慧君等，2008，《绿色农业生态发展论》，人民出版社。

颜华、齐悦、张梅，2023，《农业生产性服务促进粮食绿色生产的效应及作用机制研究》，《中国农业资源与区划》第 2 期。

杨德利、李智彬、刘增金，2021，《发展都市现代农业下消费者购买绿色认证农产品行为研究——基于上海市 15 个城区消费者问卷数据的实证分析》，《价格理论与实践》第 4 期。

杨久栋、郭芸芸，2022，《农业跨周期调节：基本要义、重点任务与策略选择》，《华中师范大学学报》（人文社会科学版）第 3 期。

姚辉、赵础昊、杨瑞等，2023，《中国农业科技创新跨域合作的多维邻近差异性研究》，《技术经济与管理研究》第 4 期。

尹丽、赵振洋、张永旺，2022，《风险不确定性感知会影响农业绿色生产行为吗？——来自农业绿色发展先行区的证据》，《干旱区资源与环境》第 9 期。

于法稳、林珊，2023，《中国式现代化视角下的新型生态农业：内涵特征、体系阐释及实践向度》，《生态经济》第 1 期。

于杰，2016，《美国农业法案与有机农业发展》，《世界农业》第 9 期。

于立宏、王艳、陈家宜，2019，《考虑环境和代际负外部性的中国采矿业绿色全要素生产率》，《资源科学》第 12 期。

于孝建、万梦玥、梁柏淇等，2022，《气候变化、绿色转型与农业贷款不良率——基于压力测试的实证》，《金融监管研究》第 8 期。

余粮红、郑珊、高强，2022，《赐福效应还是诅咒效应：政府补贴对土地托管的影响》，《中国农村观察》第4期。

余茜、苏秦、龚彦羽、李冬梅，2021，《农产品质量认证对农业经济增长影响的空间效应研究》，《科技管理研究》第21期。

张秉福，2006，《发展绿色农业的理论误区的剖析》，《社会科学辑刊》第5期。

张春梅，2017，《绿色农业发展机制研究》，博士学位论文，吉林大学。

张丽琼，2021，《体验经济视角下生态农业绿色营销困境及应对策略》，《农业经济》第7期。

张林秀、白云丽、孙明星等，2021，《从系统科学视角探讨农业生产绿色转型》，《农业经济问题》第10期。

张露、罗必良，2020，《贸易风险、农产品竞争与国家农业安全观重构》，《改革》第5期。

张眉、陈国海、晏培华等，2023，《乡村振兴背景下农业科技人才胜任力模型的构建》，《科技管理研究》第4期。

张倩、李怀恩、高志玥等，2019，《基于河道生态基流保障的灌区农业补偿机制研究——以渭河干流宝鸡段为例》，《干旱地区农业研究》第1期。

张文妍、段玲玲，2022，《浙江省农业绿色发展的驱动因子识别与绩效评价》，《中国农业资源与区划》第6期。

张益丰、颜冠群，2021，《农产品交易市场能成为小农户与现代农业有机衔接的载体吗——基于供应链学习理论的案例比较》，《农业经济问题》第12期。

张英男、龙花楼，2022，《农业生产转型及其环境效应的研究进展与展望》，《自然资源学报》第7期。

赵冠艳、栾敬东、宋燕平，2019，《中国绿色食品政策：类型、特征及优化路径》，《南京农业大学学报》（社会科学版）第6期。

赵佳琪，2023，《中国特色社会主义生态文明理念指导下的绿色农业发展问题研究》，《农业经济问题》第4期。

郑有贵，2020，《破解全面小康社会"三农"短板难题实现历史性突破》，《教学与研究》第 12 期。

钟迪茜、罗秋菊、李兆成，2023，《农业展促进有机农产品消费的作用机制及媒介效果：基于采纳过程模型的解释》，《旅游学刊》第 6 期。

钟钰、甘林针、崔奇峰，2021，《农业"双循环"战略思路与系统性对策》，《新疆师范大学学报》（哲学社会科学版）第 6 期。

周法法、郑义、李军龙，2022，《农业保险发展与农业绿色全要素生产率：内在机制与实证检验》，《世界农业》第 10 期。

周静，2021，《长江经济带农业绿色发展评价、区域差异分析及优化路径》，《农村经济》第 12 期。

周莉，2019，《乡村振兴背景下西藏农业绿色发展研究》，《西北民族研究》第 3 期。

周露明、谢兴华、朱珍德等，2020，《基于水—能源—粮食纽带关系的农业资源投入产出效率研究》，《农业资源与环境学报》第 6 期。

周颖、梅旭荣、杨鹏等，2021，《绿色发展背景下农业生态补偿理论内涵与定价机制》，《中国农业科学》第 20 期。

朱俊峰、邓远远，2022，《农业生产绿色转型：生成逻辑、困境与可行路径》，《经济体制改革》第 3 期。

朱俊峰、段静琪，2022，《都市郊区农地规模经营综合效益分析——基于北京市规模经营主体的多案例研究》，《中国农业资源与区划》第 5 期。

朱齐超、李亚娟、申建波等，2022，《我国农业全产业链绿色发展路径与对策研究》，《中国工程科学》第 1 期。

邹杰玲、董政祎、王玉斌，2018，《"同途殊归"：劳动力外出务工对农户采用可持续农业技术的影响》，《中国农村经济》第 8 期。

左巧丽、杨钰蓉、李兆亮等，2022，《农户化肥减量替代意愿研究：基于价值认知和制度情境的分析》，《世界农业》第 4 期。

Ada Cavazzani，2009，"Urban and Rural Link and Farmer Cooperation"，

Opening Times, 9 (25).

A. Ford Ramsey, Barry K. Goodwin, 2019, "Value-at-Risk and Models of Dependence in the U. S. Federal Crop Insurance Program", *Journal of Risk and Financial Management*, 12 (2).

Akbar Hossain, Ayman EL Sabagh, Celaleddin Barutcular, et al., 2020, "Sustainable Crop Production to Ensuring Food Security under Climate Change: A Mediterranean Perspective", *Australian Journal of Crop Science*, 14 (3).

Alexandros Zervopoulos, Athanasios Tsipis, Aikaterini Georgia Alvanou, 2020, "Wireless Sensor Network Synchronization for Precision Agriculture Applications", *Agriculture*, 10 (3).

Alice Torkwase Orkaa, Adeolu Ayanwale, 2020, "Adoption of Improved Production Methods by Underutilized Indigenous Vegetable Farmers", *International Journal of Vegetable Science*, 7 (3).

Alicia Mateos-Ronco, Ricardo J. Server Izquierdo, 2020, "Risk Management Tools for Sustainable Agriculture: A Model for Calculating the Average Price for the Season in Revenue Insurance for Citrus Fruit", *Agronomy*, 10 (2).

Ali Mawof, Shiv Prasher, Stephane Bayen, Christopher Nzediegwu, 2021, "Effects of Biochar and Biochar-Compost Mix as Soil Amendments on Soil Quality and Yield of Potatoes Irrigated with Wastewater", *Journal of Soil Science and Plant Nutrition*, 21 (4).

Anatolii Pachynok, 2021, "Current State and Prospects for the Development of the Grain Market in Ukraine, Scientific Proceedings of Ostroh Academy National University Series", *Economics*, 20 (48).

Andras Szekacs, Bela Darvas, 2022, "Attempts for Undoing the Ecological Incompatibility of Agricultural Technologies: From Ecological Pest Management to Agroecology", *Scientific Journal of the European Ecocycles Society*, 8 (2).

Andrea Bonfiglio, Carla Abitabile, Roberto Henke, 2022, "A Choice Model-Based Analysis of Diversification in Organic and Conventional Farms", *Bio-Based and Applied Economics*, 11 (2).

Anurag Malik, Virender S. Mor, Jayanti Tokas, 2021, "Biostimulant-Treated Seedlings under Sustainable Agriculture: A Global Perspective Facing Climate Change", *Agronomy*, 11 (1).

Apri Wahyudi, John K. M. Kuwornu, Endro Gunawan et al., 2019, "Factors Influencing the Frequency of Consumers' Purchases of Locally-Produced Rice in Indonesia: A Poisson Regression Analysis", *Agriculture*, 9 (6).

Ariana P. Torres, Alicia L. Rihn, Susan S. Barton et al., 2021, "Evaluating the Business and Owner Characteristics Influencing the Adoption of Online Advertising Strategies in the U. S. Green Industry", *HortTechnology*, 56 (6).

Azo'o Ela Michelson, Ngapete Litassou Monique, Djenatou Pdagie et al., 2021, "The Incidence and Economic Importance of the Entomofauna on the Growth and Production of Watermelon in Yagoua (Cameroon)", *Sustainable Agriculture Research*, 10 (2).

Baojing Gu, Hans J. M. van Grinsven, Shu Kee Lam et al., 2021, "A Credit System to Solve Agricultural Nitrogen Pollution", *The Innovation*, 2 (1).

Bidya Kiran Sapkota, Ananta Prakash Subedi, Kalyani Mishra Tripathi, Shiva Chandra Dhakal, 2021, "Economics of Organic Vs Inorganic Rice Production: A Case of Chitwan District of Nepal", *Journal of Nepal Agricultural Research Council*, 7.

Binbin Mo, Mengyang Hou, Xuexi Huo, 2022, "Re-Estimation of Agricultural Production Efficiency in China under the Dual Constraints of Climate Change and Resource Environment: Spatial Imbalance and Convergence", *Agriculture*, 12 (1).

Brinda Nepali, 2021, "Farmers' Perception on Status of Livestock Insurance in Surkhet District, Nepal", *Journal of Agriculture and Natural Resources*, 4 (1).

Chukwujekwu A. Obianefo, Ogonna O. Osuafor, John N. Ng'ombe, 2021, "On the Challenges Faced by Female Members of Agricultural Cooperatives in Southeast Nigeria", *Journal of Agricultural Extension and Rural Development*, 13 (2).

Clarisse Mendoza Gonzalvo, Wilson Jr. Florendo Aala, Keshav Lall Maharjan, 2021, "Farmer Decision-Making on the Concept of Coexistence: A Comparative Analysis between Organic and Biotech Farmers in the Philippines", *Agriculture*, 11 (9).

Cornelius Hirsch, Harald Oberhofer, 2020, "Bilateral Trade Agreements and Price Distortions in Agricultural Markets", *European Review of Agricultural Economics*, 47 (3).

Courtland Kelly, Meagan Schipanski, Boris Kondratieff, Lucretia Sherrod, Joel Schneekloth, Steven J. Fonte, 2020, "The Effects of Dryland Cropping System Intensity on Soil Function and Associated Changes in Macrofauna Communities", *Soil Science Society of America Journal*, 84 (6).

Diallo Mountakha, Ndir Khadidiatou, Diop Amadou M., Dieye Bineta, Ndiaye Saliou, 2020, "Global Analysis of Millet-Based Household Farms: Characterization of the Senegalese Production System of Niayes and Groundnut Basin Areas", *African Journal of Agricultural Research*, 16 (8).

Doaa Hussein Mahmoud, Alhussein Khalil Elnoby, 2022, "A Comparative Study of the Most Important Vegetable Crops Production in Protected Agriculture and Sustainable Land", *Alexandria Science Exchange Journal*, 43 (1).

Dun-Chun He, Yan-Li Ma, Zhuan-Zhuan Li et al., 2021, "Crop Rotation Enhances Agricultural Sustainability: From an Empirical Evaluation of Eco-Economic Benefits in Rice Production", *Agriculture*, 11 (2).

Edith T. Lammerts van Bueren, 2003, "Challenging New Concepts and Strategies for Organic Plant Breeding and Propagation", in Th. J. L. van Hintum, A. Lebeda, D. Pink and J. W. Schut eds, *EUCARPIA leafy vegetables* 2003. *Proceedings of the EUCARPIA Meeting on Leafy Vegetables Genetics and Breeding*, Noordwijkerhout, Netherlands, March 19 – 21.

Elena Domínguez, 2019, "Compostable Film Behavior in Other Environmental Conditions and Product Certification in Agricultural and Horticultural Applications", *EC Agriculture*, 5 (6).

Eric J. Belasco, Joseph Cooper, Vincent H. Smith, 2020, "The Development of a Weather-based Crop Disaster Program", *American Journal of Agricultural Economics*, 102 (1)

Eric M. Ojala, 2021, "Impact of the New Production Possibilities on the Structure of International Trade in Agricultural Products", *Food Research Institute Studies*.

Eusebiu Safta, Leonard Ilie, 2021, "The Effect of Applying on Agricultural Land of the Compost from Sewage Sludge on the Soil and the Maize Crop", *Scientific Papers. Series A. Agronomy*, 64 (2).

Evgenia A. Korneeva, 2021, "Economic Evaluation of Ecological Restoration of Degraded Lands through Protective Afforestation in the South of the Russian Plain", *Forests*, 12 (10).

F Altobelli, A Monteleone, O Cimino et al., 2019, "Farmers' Willingness to Pay for an Environmental Certification Scheme: Promising Evidence for Water Saving", *Outlook on Agriculture*, 48 (2).

Frank R. Lichtenberg, 1984, "The Relationship between Federal Contract R&D and Company R&D", *The American Economic Review*, 74 (2): 73 – 78.

François Bareille, Matteo Zavalloni, 2020, "Decentralisation of Agri-Environmental Policy Design", *European Review of Agricultural Economics*, 47 (4).

Gennadii Golub, Oleh Skydana, Valentina Kukharets et al., 2020, "The Estimation of Energetically Self-Sufficient Agroecosystem's Model", *Journal of Central European Agriculture*, 21 (1).

George Gatere Ruheni, Lydiah N. Wambugu, 2022, "Resource Utilization Planning and Resilience in Food Security Projects in Kenya", *East African Journal of Agriculture and Biotechnology*, 5 (1).

Gezahagn Kudama, Hika Wana, Mabiratu Dangia, 2021, "The Adoption of Bundled Sustainable Farm and Environmental Practices by Coffee Farmers in Southwest Ethiopia", *The Scientific World Journal.*

Giacomo Zanello, C. S. Srinivasan, Fiorella Picchioni et al., 2020, "Physical Activity, Time Use, and Food Intakes of Rural Households in Ghana, India, and Nepal", *Scientific Data*, 7.

Giulia Atzori, Catello Pane, Massimo Zaccardelli, Sonia Cacini, Daniele Massa, 2021, "The Role of Peat-Free Organic Substrates in the Sustainable Management of Soilless Cultivations", *Agronomy*, 11 (6).

Giuseppe Timpanaro, Ferdinando Branca, Mariarita Cammarata, Giacomo Falcone, Alessandro Scuderi, 2021, "Life Cycle Assessment to Highlight the Environmental Burdens of Early Potato Production", *Agronomy*, 11 (5).

Guido Fellet, Laura Pilotto, Luca Marchiol, Enrico Braidot, 2021, "Tools for Nano-Enabled Agriculture: Fertilizers Based on Calcium Phosphate, Silicon and Chitosan Nanostructures", *Agronomy*, 7, 11 (6).

Hamid El Bilali, 2019, "Innovation-Sustainability Nexus in Agriculture Transition: Case of Agroecology", *Open Agriculture*, 4 (1).

Haoming Chen, Xianfeng Du, Mengqi Lai, Muhanmaitijiang Nazhafati, Chen Li, Weicong Qi, 2021, "Biochar Improves Sustainability of Green Roofs via Regulate of Soil Microbial Communities", *Agriculture*, 11 (7).

Hari Dahal, Madhav Karki, Tamara Jackson et al., 2020, "New State

Structure and Agriculture Governance: A Case of Service Delivery to Local Farmers in the Eastern Gangetic Plains of Nepal", *Agronomy*, 10 (12).

Harun Bulut, 2020, "The Impact of Enterprise Unit Policy Change on the Quantity Demanded for Crop Insurance", *Agricultural Finance Review*, 80 (4).

Heike Pannwitt, Paula R. Westerman, Friederike de Mol et al., 2021, "Demographic Processes Allow Echinochloa Crus-Galli to Compensate Seed Losses by Seed Predation", *Agronomy*, 11 (3).

Helen, Alexandros Gasparatos, 2020, "Ecosystem Services Provision from Urban Farms in a Secondary City of Myanmar, Pyin Oo Lwin", *Agriculture*, 10 (5).

H. K. Panta, 2019, "Supply Chain of Subsidized Chemical Fertilizers in Nepal", *Journal of the Institute of Agriculture and Animal Science*, 35 (1).

H Luan, H Qiu, 2013, "Fertilizer Overuse in China: Empiriced Evidence from Farmers in Four Provinces", *Agricultural Science & Technology*, 14 (1).

Hong Li, Zakaria Issaka, Yue Jiang et al., 2019, "Overview of Emerging Technologies in Sprinkler Irrigation to Optimize Crop Production", *International Journal of Agricultural and Biological Engineering*, 12 (3).

Hulya Saygi, Ayhan Saygi, Mahmut Ali Gokce, 2018, "Imporatance of Sustainable Arricultural Management, International Journal of Agriculture", *Environment and Bioresearch*, 3 (4).

Huricha Bao, Chibo Chen, Yuemin Liu, 2022, "Innovative Governance Systems and Green Innovations of Agriculture-Related Enterprises Based on the Approach of Fuzzy-Set Qualitative Comparative Analysis", *Frontiers in Environmental Science*, 10 (8).

Ismail Yusuf Rabbi, Siraj Ismail Kayondo, Guillaume Bauchet et al., 2022, "Genome-Wide Association Analysis Reveals New Insights into the

Genetic Architecture of Defensive, Agro-Morphological and Quality-Related Traits in Cassava", *Plant Molecular Biology*, 109.

Janne Spanoghe, Oliver Grunert, Eva Wambacq et al. , 2020, "Storage, Fertilization and Cost Properties Highlight the Potential of Dried Microbial Biomass as Organic Fertilizer", 13 (5).

Jeremy Haggar, Valerie Nelson, Richard Lamboll, Jonne Rodenburg, 2021, "Understanding and Informing Decisions on Sustainable Agricultural Intensification in Sub-Saharan Africa", *International Journal of Agricultural Sustainability*, 19 (5).

Jiang Zhao, Ksenia Gerasimova, Yala Peng et al. , 2020, "Information Asymmetry, Third Party Certification and the Integration of Organic Food Value Chain in China", *China Agricultural Economic Review*, 12 (1).

Jiaqi Lin, Dongling Li, Zhenghui Pan, Dou Feng, Weiyan Xuan, 2022, "Effect of the Floating Seedling Technique on Banana Seedling Growth", *Hortscience*, 57 (3).

Jieru Yu, Samuel Adingo, Xuelu Liu, Xiaodan Li, Jing Sun, Xiaong Zhang, 2022, "Micro Plastics in Soil Ecosystem – A Review of Sources, Fate, and Ecological Impact", *Plant, Soil and Environment (Print)*, 68 (1).

Jie Sheng, Arshad Ahmad Khan, Shaofeng Zheng, Qian Lu, 2021, "Evaluating Adoption of Information Communication Technology in Agricultural Green Production to Increase Net Returns", *Polish Journal of Environmental Studies*, 30 (6).

Jinyang Cai, Weiqiong Chen, Jikun Huang et al. , 2020, "The Evolving Structure of Chinese R&D Funding and its Implications for the Productivity of Agricultural Biotechnology Research", *Journal of Agricultural Economics*, 71 (2).

Jonathan Harwood, 2021, "Coming to Terms with Tropical Ecology: Technology Transfer During the Early Green Revolution", *International Journal of Agricultural Sustainability*, 19 (3).

Julien Demenois, Emmanuel Torquebiau, Matthieu Arnoult et al., 2020, "Barriers and Strategies to Boost Soil Carbon Sequestration in Agriculture", *Frontiers in Sustainable Food Systems*, 4.

Julie Shortridge, Janey Smith Camp, 2019, "Addressing Climate Change as an Emerging Risk to Infrastructure Systems", *Risk Analysis*, 39 (5).

Julius Akolawole Bamidele, Adewumi Babatunde Idowu, Kehinde Ademolu et al., 2021, "Nutritional Composition of Apis Mellifera Adansonii L. (Hymenoptera: Apidae) from Three Ecological Zones of Nigeria", *Journal of Apicultural Research*, 60 (3).

Junhong Hu, Xuehan Wu, 2019, "Principles and Methods of Environment-Based Agroecological Landscaping", *Revista de la Facultad de Agronomia de la Universidad del Zulia*, 36 (6).

Junhu Ruan, Yuxuan Wang, Felix Tung Sun Chan, Xiangpei Hu, Minjuan Zhao, Fangwei Zhu, 2019, "A Life Cycle Framework of Green IoT-Based Agriculture and Its Finance, Operation, and Management Issues", *IEEE Communications Magazine*, 57 (3).

Katja Pietrzyck, Nora Berke, Vanessa Wendel, Julia Steinhoff-Wagner, Sebastian Jarzębowski, Brigitte Petersen, 2021, "Understanding the Importance of International Quality Standards Regarding Global Trade in Food and Agricultural Products: Analysis of the German Media", *Agriculture*, 11 (4).

Khafizova Zulfiya Kholmuratovna, 2021, "The Environmental Protection, the Role of Land Support in Creation of Economic and Legal Mechanisms of Effective Use of Land Resources", *Journal NX*, 7 (2).

Kim Yongmin, Lee Byungjoon, Yoon Seongsoo, 2021, "Life Cycle Assessment of Rural Community Buildings Using OpenLCA™ DB", *Journal of The Korean Society of Agricultural Engineers*, 63 (3).

Komal Surawase, Akash Kamble, Pranav Mhetre, 2020, "Agricultural

Product Traceability System for Agro Food Quality", *International Journal of Scientific Research in Engineering and Management*, 4 (4) .

Krishna Nemali, 2022, "History of Controlled Environment Horticulture: Greenhouses", *Hortscience*, 57 (2) .

K. V. Praveen, Alka Singh, Kumar Pramod et al. , 2020, "Advancing with Fertilizers in Indian Agriculture: Trends, Challenges, and Research Priorities", *Agricultural Economics Research Review*, 33.

Laurence E. D. Smith, 2020, "Policy Options for Agriculture Green Development by Farmers in China", *Frontiers of Agricultural Science and Engineering*, 7 (1) .

Lee Choon-Soo, Yang Hun-Min, 2021, "A Study on Consumers' Purchasing Behavior and Perception of the Low-Carbon Certificated Agricultural Products", *Korean Journal of Organic Agriculture*, 29 (3) .

Leonard Onyiriuba, E. U. Okoro Okoro, Godwin Imo Ibe, 2020, "Strategic Government Policies on Agricultural Financing in African Emerging Markets", *Agricultural Finance Review*, 80 (4) .

Leonora Sopaj Hoxha, Anera Musliu, 2021, "Organic Agriculture and Organic Food Consumption in Kosovo", *International Journal of Food and Agricultural Economics*, 9 (1) .

Letsogile Emmanuel Molosiwa, 2019, "Agricultural Mechanization, a Key Input to Food Security that Botswana Should Consider", *Acta Scientific Agriculture*, 3 (8) .

L. G. Horlings. T. K. Marsden, 2011, "Towards the Real Green Revolution? Exploring the Conceptual Dimensions of a New Ecological Modernization of Agriculture that Could 'Feed the World' ", *Global Environmental Change*, 21: 441 –452.

Li Chen, 2019, "Persistent Spatial Patterns of Interacting Contagions", *Physical Review. E*, 99 (2) .

Liudmyla Dorohan-Pysarenko, Rafal Rebilas, Olena Yehorova et al. , 2021,

"Methodological Peculiarities of Probability Estimation of Bankruptcy of Agrarian Enterprises in Ukraine", *Agricultural and Resource Economics*: *International Scientific E-Journal*, 7 (2).

Lord Northbourne, 2003, *Look to the Land*, New York: Angelico Press.

Lv Liu, Zhang Yanli, Huang Qingjie, 2019, "The Study on the Welfare Effect of the Agricultural Insurance on the Farmers", *International Journal of Business and Social Science*, 10 (11).

Madiga Bala Dastagiri, Padigapati Venkata Naga Sindhuja, 2021, "Agriculture Trade Policy Measures and Geopolitics in Major Regional Trading Blocs: Policy Advocacy", *World Food Policy*, 7 (1).

Mahmoud Ezzat AbdAllatef, Zeinab Mahmoud Abd el Rahman, 2021, "The Animal and Fish Production Sector Response to Agricultural Risk Management", *Alexandria Science Exchange Journal*, 42 (1).

Marcela Casali, Bruna Sesco de Mendonca, Marcel Moreira de Brito, 2020, "Information Asymmetry Among Dairy Producers in Paraná, Brazil", *Semina: Ciências Agrárias*, 41 (1).

Marcela Ibanez, Allen Blackman, 2016, "Is Eco-Certification a Win-Win for Developing Country Agriculture? Organic Coffee Certification in Colombia", *World Development*, 82: 14 – 27.

Maria Caria, Giuseppe Todde, Antonio Pazzona, 2019, "Evaluation of Automated In-Line Precision Dairy Farming Technology Implementation in Three Dairy Farms in Italy", *Frontiers of Agricultural Science and Engineering*, 6 (2).

Maria Kernecker, Andrea Knierim, Angelika Wurbs et al., 2020, "Experience Versus Expectation: Farmers' Perceptions of Smart Farming Technologies for Cropping Systems Across Europe", *Precision Agriculture*, 21 (2).

Marta Guth Katarzyna, Smędzik-Ambroży, Bazyli Czyżewski et al., 2020, "The Economic Sustainability of Farms under Common Agricultural Policy in the European Union Countries", *Agriculture*, 10 (2).

Martina Zámková, Stanislav Rojík, Ladislav Pilař, Martina Chalupová, Martin Prokop, Radek Stolín et al., 2021, "Customer Preferences for Organic Agriculture Produce in the Czech Republic: 2016 and 2019", *Agriculture*, 11 (10).

Meike Wollnia, Camilla Andersson, 2014, "Spatial Patterns of Organic Agriculture adoption: Evidence from Honduras", *Ecological Economics*, 97: 120-128.

M. H. I. Mohamed, S. A. Tayel, H. A. Abdel Mawla, A. K. Zaalouk, 2021, "Factors Related to Mechanical Cleaning of Sugarcane Stalks", *Al-Azhar Journal of Agricultural Engineering*, 2 (1).

Michael Boehlje, Michael Langemeier, 2022, "Potential Payoffs of Precision Agriculture", *Asfmra Journal*.

Minka Anastasova-Chopeva, 2019, "Evaluation of Social Sustainability of Bulgarian Agriculture", *Bulgarian Journal of Agricultural Science*, 25 (6).

Miroslav Nedeljkovic, 2022, "Criteria for Sustainable Supplier Selection in Agro-Industrial Complex", *Wbjaerd*, 4 (1).

M. Kiley-Worthington, 1981, "Ecological Agriculture: What it is and How it Works", *Agriculture and Environment*, 6 (4): 349 – 381.

M. S. Jumaah, Z. M. Abdulrazzaq, A. H. Abdul_Majeed, 2021, "Role of Green Spaces and Their Impact on Climate Design and Ecosystem Efficiency", *Conference Series: Earth and Environmental Science*, 761.

Naohiro Manago, Chiharu Hongo, Yuki Sofue et al., 2020, "Transplanting Date Estimation Using Sentinel-1 Satellite Data for Paddy Rice Damage Assessment in Indonesia", *Agriculture*, 10 (12).

Natalia Vdovenko, Oleksii Tomilin, Liubov Kovalenko, Badri Gechbaia, Eugen Konchakovskiy, 2022, "Global Trends and Development Prospects of the Market of Plant Protection products", *Agricultural and Resource Eco-*

nomics, 8 (2).

Niggli U., Wang-Müller Q., Willer H. et al., 2021, "Innovation in Agroecological and Organic Farming Systems", *Chinese Journal of Eco-Agriculture*, 29 (03).

Nusrat Akber, Kirtti Ranjan Paltasingh, 2019, "Agricultural Economics Research Review. Investment, Subsidy and Productivity in Indian Agriculture: an Empirical Analysis", *Agricultural Economics Research Review*, 32.

Oskam A., 1991, "Productivity Measurement, Incorporating Environmental Effects of Agricultural Production", *Developments in Agricultural Economics*, 7 (2).

Paola Cane, 2019, "Towards an Effective Management of Reputational Crisis due to Food Recalls within the Agri-Food Industry", *SSRG International Journal of Agriculture & Environmental Science*, 6 (6).

Parviz Koohafkan, Miguel A. Altieri, Eric Holt Gimenez, 2012, "Green Agriculture: Foundations for Biodiverse, Resilient and Productive Agricultural Systems", *International Journal of Agricultural Sustainability*, 10 (1).

Peilu Zhang, Marco A. Palma, 2021, "Compulsory Versus Voluntary Insurance: An Online Experiment", *American Journal of Agricultural Economics*, 103 (1).

Pimentel D., Hepperly P., Hanson J., Douds D. Seidel R., 2005, "Environmental, Energetic, and Economic Comparisons of Organic and Conventional Farming System", *BioScience*, 55 (7).

Preecha Sriprapakhan, Ritchard Artkla, Santipong Nuanual et al., 2021, "Economic and Ecological Assessment of Integrated Agricultural Bio-Energy and Conventional Agricultural Energy Frameworks for Agriculture Sustainability", *Journal of the Saudi Society of Agricultural Sciences*, 20(4).

Qiang Zhang, 2020, "Exploration on Ecological Compensation Mechanism of

Family Farm", *Asian Agricultural Research*, 12 (11) .

Qu Feng, Yang Zisheng, 2019, "Research Progress on Poverty Alleviation by Ecological Compensation", *Asian Agricultural Research*, 11 (5) .

Rahmaniah HM, R. Darma, L. Asrul et al. , 2020, "The Potential of Organic Agriculture, Soil Structure and Farmers Income for Inclusive Agriculture Sustainability: A Review", *IOP Conference Series: Earth and Environmental Science*, 575.

Ramakant M. Chaudhari, Mahesh L. Khachane, Rahul J. Dhande et al. , 2019, "Design & Fabrication of Agricultural Based Spray Pump", *International Journal for Scientific Research and Development*, 7 (3) .

Rania Ahmed Mohamed Ahmed, Amira Moustafa Hamza, 2021, "The Performance Efficiency of Agricultural Co-operatives in El-Gharbia Governorate", *Alexandria Science Exchange Journal*, 42 (4) .

Reganold J. P. , Glover J. D. , Andrews P. K. , Hinman H. R. , 2001, "Sustainability of Three Apple Production Systems", *Nature*, 401.

Reinhard S. , Lovell C. A. K. , Thijssen G. , 1999, "Econometric Estimation of Technical and Environmental Efficiency: an Application to Dutch Dairy Farms", *American Journal of Agricultural Economics*, 81 (1) .

Ricci Maccarini E. , Zanoli A. , 2004, "Technical Efficiency and Economic Performances of Organic and Conventional Livestock Farms in Italy", paper presented in 91st EAAE, Crete, Greece September 24 – 25.

Robert A. Mundell. , 1957, "International Trade and Factor Mobility", *The American Economic Review*, 47 (3) .

Robert E. Baldwin, 1969, "The Case Against Infant-Industry Tariff Protection", *The Journal of Political Economy*, 77 (3) .

Roman Rolbiecki, Stanisław Rolbiecki, Anna Figas Barbara Jagosz et al. , 2021, "Response of Chosen American Asparagus officinalis L. Cultivars to Drip Irrigation on the Sandy Soil in Central Europe: Growth, Yield, and Water Productivity", *Agronomy*, 11 (5) .

Rosintansafinas Bt. Munir, Loo-See Beh, 2019, "A Construct on Fostering Innovative Work Behavior through Organizational Creative Climate and Knowledge Sharing", *Journal of International Business and Management*, 2 (1).

Sabita Aryal Khanna, Lekendra Tripathee, 2018, "Organic Certification: A Case Study of Organic Valley, Nepal, Organic Certification: A Case Study of Organic Valley", *Nepal*, 4 (1).

Sabrina Hempel, Christoph Menz, Severino Pinto et al., 2019, "Heat Stress Risk in European Dairy Cattle Husbandry under Different Climate Change Scenarios-Uncertainties and Potential Impacts", *Earth System Dynamics*, 10 (4).

S. A. Howard, 1940, *An Agricultural Testament*, London: Oxford University Press.

Samuel Njuguna Ndirangu, Wilson A. Oyange, 2019, "Analysis of Millers in Kenya's Rice Value Chain", *IOSR Journal of Agriculture and Veterinary Science*, 11 (1).

Sandhya Naveen, 2021, "Struggle of Agriculturists due to Modern Technology", *Struggle of Agriculturists due to Modern Technology*, 3 (3S).

Shahjahan Ali, Bikash Chandra Ghosh, Ataul Gani Osmani, Elias Hossain, Csaba Fogarassy, 2021, "Farmers' Climate Change Adaptation Strategies for Reducing the Risk of Rice Production: Evidence from Rajshahi District in Bangladesh", *Agronomy*, 11 (3).

Shijie Xing, Xin Zhang, Mengzhou Zhang, Mei Li, 2020, "New Vegetable Production Mode Based on Big Data and Artificial Intelligence", *International Journal of Environmental Planning and Management*, 6 (1).

Siqi Wu, Zhi Wang, Yarong Tan, 2021, "Research on Sustainable Development Path of Ecological Agriculture Industry in Beijing Suburbs – Taking Xibaidian Village, Daxingzhuang Town, Pinggu District as an Example", *Earth and Environmental Science*, 835 (1).

Siyuan Cui, Guangqiao Cao, Xinkai Zhu, 2021, "Evaluation of Ecosystem Service of Straw Return to Soil in a Wheat Field of China", *International Journal of Agricultural and Biological Engineering*, 14（1）.

Solomon Yokamo, Xiaoqiang Jiao, Kanomanyanga Jasper, Fekadu Gurmu, Mohammad Shah Jahan, Rongfeng Jiang, 2022, "Grain Yield and Nitrogen Use Efficiency Vary with Cereal Crop Type and Nitrogen Fertilizer Rate in Ethiopia: A Meta-Analysis", *Agricultural Sciences*, 13（4）.

Soniyo Yomichan, 2020, "Niravu Organic Village-A Study on Niravu Organic Village Model, Vengeri, Kozhikode District, Kerala", *Acta Scientific Agriculture*, 4（3）.

S. S. Keya, M. G. Miah, M. A. Rahman, M. T. Islam, 2020, "Application of Gliricidia Sepium Tree Leaves and Nitrogen Fertilizer to Improve Tomato Production and Soil Properties", *Annals of Bangladesh agriculture（Online）*, 24（1）.

Tak Tha, Ply Preap, Seyha Sorl, Pao Srean, Visalsok Touch, 2021, "Bio-Green Foliar Spray Enhances Rice Growth and Productivity in Cambodia", *Agritropica: Journal of Agricultural Sciences*, 4（7）.

Tareq Hasan, 2019, "Prospects of Weather Index-Based Crop Insurance in Bangladesh", *International Journal of Agricultural Economics*, 4（1）.

Telleria Juarez Roberto Ariel, Marco Antonio Romay Hochkofler, 2022, "Exploring the Drivers of Technical Efficiency in Senegal's Agricultural Production Sector", *Journal of Development and Agricultural Economics*, 14（3）.

V. Ratna Reddy, T. Chiranjeevi, Geoff Syme, 2020, "Inclusive Sustainable Intensification of Agriculture in West Bengal, India: Policy and Institutional Approaches", *International Journal of Agricultural Sustainability*, 18（1）.

Wang Wei, Zhang Chongmei, Song Jiahao, Xu Dingde, 2021, "The Impact of Target Price Policy on Cotton Cultivation: Analysis of County-Level

Panel Data from China", *Agriculture*, 11 (10).

Wang Zhan, Deng Xiangzheng, Gang Liu et al., 2019, "Environmental Income in Economic Growth of a Large Open Economy for the Era of Eco-urbanization", *Forestry Economics Review*, 1 (1).

Willer Helga, Yussefi Minou, 2024, "The World of Organic Agriculture-Statistics and Emerging Trends 2024", *International Federation of Organic Agriculture Movements*, *DE –53117 Bonn*.

William Albreche, 1970, "Magnesium in the Soils of the United States", *Journal of Applied Nutrition*.

Xianliang Wang, Xiangcai Zhang, Xiaona Lin, 2020, "Quantification of Traffic-induced Compaction Based on Soil and Agricultural Implement Parameters", *International Journal of Agricultural and Biological Engineering*, 13 (5).

Xinbo Yu, 2019, "Development Model of Agricultural Characteristic Tourism Resources in Rural Areas", *Revista de la Facultad de Agronomia*, 36 (4).

Xinhao Suo, Shixiong Cao, 2021, "Cost-benefit Analysis of China's Farming System", *Agronomy Journal*, 113 (3).

Xu Jiuliang, Zhang Zhihua, Zhang Xian et al., 2020, "Green Food Development in China: Experiences and Challenges", *Agriculture*, 10 (12).

Yanqi Wang, Xiuyi Shi, 2020, "Analysis on Efficiency and Influencing Factors of New Soybean Producing Farms", *Agronomy*, 10 (4).

Yanwen Tan, Huasheng Zeng, 2019, "Price Transmission, Reserve Regulation and Price Volatility", *China Agricultural Economic Review*.

Yevhenii Ulko, 2019, "Evaluation of Economic Efficiency of Innovations in Organic Agriculture", *Agricultural and Food Sciences, Economics*, 5 (3).

Yuliia Aleskerova, 2020, "Development of Agricultural Insurance System", *Green, Blue & Digital Economy Journal*, 1 (1).

Z. Latifi, H. Shabanali Fami, 2022, "Forecasting Wheat Production in Iran Using Time Series Technique and Artificial Neural Network", *Journal of Agricultural Science and Technology (Print)*, 24 (2).